MARKETING TRENDS 2023

Francisco Alberto Madia de Souza

MARKETING TRENDS 2023

AS MAIS
IMPORTANTES
TENDÊNCIAS DO
MARKETING PARA
OS PRÓXIMOS
ANOS

M.Books do Brasil Editora Ltda.
Rua Jorge Americano, 61 - Alto da Lapa
05083-130 - São Paulo - SP - Telefone: (11) 3645-0409
www.mbooks.com.br

Dados de Catalogação na Publicação

SOUZA, Francisco Alberto Madia de
Marketing Trends 2023 / Francisco Alberto Madia de
Souza
São Paulo – 2023 – M.Books do Brasil Editora Ltda.
1. Marketing
ISBN: 978-65-5800-113-3

©2023 Francisco Alberto Madia de Souza

Editor
Milton Mira de Assumpção Filho

Editoração
3Pontos Apoio Editorial

Produção editorial
Giselia Costa

Capa
Isadora Mira

2023
Direitos exclusivos cedidos à
M.Books do Brasil Editora Ltda.
Proibida a reprodução total ou parcial.
Os infratores serão punidos na forma da lei.

Sumário

Capítulo 1
ADMIRÁVEL MUNDO NOVO 17

Os dias de "wine and roses" chegaram ao fim... 18

2021/2030, Ordem geral na bagunça 19

Agropecuária urbana 21

Drucker, Hitchcock, James Stewart, Doris Day e outros 23

A melancia amarela 25

Onde nascem as economias 27

LAAS — Life As A Service 30

Tempos de *bunkers* e casamatas 31

Capítulo 2
INTELIGÊNCIA DE MERCADO 33

SulAmérica Seguros: movimento de mestre.............................. 34

Fala sério... A respeito desses números monumentais
do digital... 35

Boutades 37

Boa pra viagem 39

O mundo das minorias ou o mesmo e velho anormal............... 40

A reinvenção de Clóvis ou o dia em que as flores
viraram abraços 42

Costela, a importância da especialização 44

A pandemia atacou os olhos... Ou consequências das
mudanças de comportamento 45

Capítulo 3
SUCESSOS, FRACASSOS, APRENDIZADOS 47

Bom de classe, é, também, bom de vídeo? 48

Mona Lisa e Paulinho da Viola 50

The show must go on 52

O quase impossível negócio da aviação 54

Retorno às origens 56

Silvio Santos 57

Mentiras e mais mentiras... De profissionais em busca
de emprego 59

À espera da luz, ou hambúrgueres vegetais! 60

Capítulo 4
BRANDING 62

Cavern Club 63

A morte do escultor do touro 64

Tentaram cortar as pernas do Johnnie Walker 66

Dossier Prioux 68

Dois gigantes, berços semelhantes 71

Chanel 5, 100 anos depois 72

Tirolez, vem do tirol ou vem de tiros? 75

Lição elementar de *branding* 77

Capítulo 5
DESAFIOS, AMEAÇAS, OPORTUNIDADES 79

2020, o ano em que quase tudo foi adiado............................ 80

O futuro a Deus pertence... 82

O sistema é clausura... 83

A vazante.. 85

Languishing 87

Abraços a distância? 89

A era e a hora das vitaminas 91

Não foi fácil para ninguém 93

Capítulo 6
COISAS DO BRASIL 96

Agropecuária? Sem ilusões! 97

Som Livre, quando o som chega ao fim... 99

Casas nas árvores.. 100

Tiozões surfistas na Marginal Pinheiros 102

A verdadeira década perdida 104

Suvinil, em nome do politicamente correto, deu uma geral .. 105

Lições e aprendizados do presidente da Mercedes................. 106

Nova Velhinha de Taubaté é o prefeito de Jacobina............... 108

Capítulo 7
EFEMÉRIDES E ÍCONES....................................... 110

Suvinil e Pantone, caprichem 111

Um novo Guilherme Benchimol 113

50 Anos depois 114

Hot dog, ou cachorro-quente.. 116

A última entrevista de um ícone... 118

Kopenhagen, perdas e danos pandêmicos e o
empoderamento de uma líder.. 120

La Pastina, sucessão planejada com amor e carinho, de
pai para filha 121

Reed Hastings, um empresário maduro............................. 123

Capítulo 8
INOVAR É PRECISO, VIVER NÃO É PRECISO 126

Os novos hospitais... 127

"Imagineering", a melhor aula sobre inovação 129

Oportunidades para a inovação, segundo Peter Drucker 131

Vamos falar de CBD!... 133

O mundo das latinhas... E das cápsulas também... 135

Riachuelo paga para ver e dobra a aposta......................... 137

Pernambucanas, 114 anos depois 139

O manifesto Alexandre Birman 140

Capítulo 9
BALANÇO DE CATEGORIAS.................................... 143

"Produtos não deveriam morrer jamais" 144

Asfixiando a galinha, exaurindo a vaca............................. 146

Procurando nemos 148

A dança das cadeiras 149

Relações tensas 151

O fim das grandes lojas de departamento 153

Pelotons, os novos cabides.. 154

A debandada dos imóveis comerciais 155

Capítulo 10
MARKETING LEGAL **158**

Por que é mesmo que estamos brigando 159

Bandidos sanguinários da dark web...................................... 160

Airbnb e as sombras.. 162

Negligência e omissão 164

Assimetria regulatória... 166

Discriminação e preconceitos nunca mais 168

A segunda morte de Paulo Machado de Carvalho.................. 169

Viver é perigoso 171

Ficha Técnica

MARKETING TRENDS é uma publicação anual do MADIAMUNDO-MARKETING, resultado de um exaustivo e incessante trabalho de pesquisa de informações de diferentes fontes e plataformas, com todas as análises correspondentes, no sentido de mapear e identificar as TENDÊNCIAS DO MARKETING E DOS NEGÓCIOS para os próximos anos, realizado para os alunos da MADIA MARKETING SCHOOL, para todos os clientes do MADIAMUNDOMARKETING, assim como para todos os integrantes da ABRAMARK – ACADEMIA BRASILEIRA DE MARKETING, muito especialmente para seus apoiadores, os ABRAMEMBERS.

De autoria e responsabilidade do diretor-presidente do MADIAMUNDOMARKETING e criador e presidente da ACADEMIA BRASILEIRA DE MARKETING, Francisco Alberto Madia de Souza. Com o suporte e colaboração inestimável de toda a equipe de consultores e parceiros da Madia.

Sócios
Fabio Madia
Rosamaria Barna
Marcia Sousa
Maria Helena Carvalho
Francisco Alberto Madia de Souza

Associados
Danilo Nardi
Marco Aurélio Candido
Maria Cristina Araújo
Camila Baltrusch

MADIAMUNDOMARKETING

HOMENAGENS

Em 2024 a ABRAMARK, Academia Brasileira de Marketing, completará seus primeiros 20 anos. Criada em 2004 por iniciativa do MADIAMUNDOMARKETING, tem o objetivo de resgatar e disseminar o MARKETING DE EXCEPCIONAL QUALIDADE, compartilhando seu verdadeiro sentido e entendimento, revelado ao mundo por PETER FERDINAND DRUCKER, no ano de 1954, e em seu livro monumental PRÁTICA DA ADMINISTRAÇÃO DE EMPRESAS.

Nesta edição em que comemoramos a 25ª edição deste livro MARKETING TRENDS, homenageamos a todos os empresários e profissionais que hoje integram a ABRAMARK, e que compartilham conhecimento, experiência e exemplos com todos os demais profissionais e empresários em atuação no Brasil.

No compromisso de construirmos, no espaço de tempo mais curto possível, aproveitando todas as oportunidades decorrentes do "tsunami tecnológico", um BRASIL MODERNO, ÉTICO, DEMOCRÁTICO, QUE RESPEITE A LIBERDADE INDIVIDUAL, QUE PROMOVA A INCLUSÃO E A JUSTIÇA SOCIAL, E OFEREÇA AO MUNDO AS MELHORES PRÁTICAS E EXEMPLO DE UMA VERDADEIRA ECONOMIA DE MERCADO.

FRANCISCO ALBERTO MADIA DE SOUZA
ACADÊMICO E PRESIDENTE DA ABRAMARK

ACADÊMICOS

Agostinho Gaspar
Alberto Saraiva
Alex Periscinoto – *In memoriam*
Alexandre Costa
Alexandre Hohagen
Álvaro Coelho da Fonseca
Amalia Sina
Antonio Jacinto Matias
Armando Ferrentini
Carlos Augusto Montenegro
Chieko Aoki
Cristiana Arcangeli
Edson de Godoy Bueno –
  In memoriam
Eduardo Souza Aranha
Einhart Jacome da Paz –
  In memoriam
Elcio Anibal de Lucca
Fabio Quartim Barbosa Madia
  de Souza
Francisco Alberto Madia de Souza
Francisco Gracioso –
  In memoriam
Frederico Trajano Inácio
  Rodrigues
Gilmar Pinto Caldeira
Guilherme de Jesus Paulus

Ivan Fabio de Oliveira Zurita
João Appolinário
João de Simoni Soderini
  Ferraciu
José Bonifácio de Oliveira
  Sobrinho
José Estevão Cocco
José Salibi Neto
José Victor Oliva Jr.
Lincoln Seragini
Luiz Antonio Cury Galebe
Luiz Carlos Burti
Luiza Helena Trajano Inacio
  Rodrigues
Marcelo Cherto
Marcos Henrique Nogueira
  Cobra
Miguel Gellert Krigsner
Milton Mira de Assumpção Filho
Nizan Guanaes
Paulo Sérgio Kakinoff
Pedro Manso Cabral Filho
Peter Rodenbeck
Régis Eduardo Dubrule
Suzana Apelbaum
Viviane Senna
Walter Zagari

HALL DA FAMA

Abaetê Azevedo
Abel Reis
Agnelo Pacheco – *In memoriam*
Agricio Silva Neto
Alberto Pecegueiro
Alcir Carvalho Gomes Leite
Alexandre Gama
Alfredo Duarte
Alvaro Rodrigues
Ana Lúcia Serra
Ana Maria Mazzei Nubié
André Gomes
Andrea Alvares
Anne Karine Napoli
Antonio Augusto A. Carvalho
Antonio Augusto A. Carvalho
  Filho
Armando Strozenberg
Aurélio Lopes
Bazinho Ferraz
Beatriz Bueno Galloni
Bianca Maksud
Caio Luiz de Carvalho
Célio Ashcar Junior
Celso Loducca
Christianne Rego
Christina Carvalho Pinto
Cintia Gonçalves
Clarice Herzog
Claudemir Oliveira
Claudia Sender

Claudio Pedreira de Carvalho
Cristina Duclos
Cyd Alvarez
Daniela Cachich
Dennis Aurélio Giacometti
Dorian Taterka
Duilio Malfatti
Edgardo Martolio
Edson Barbieri
Eduardo Bicudo
Eduardo Fischer
Eduardo Jordão Ribeiro
  Seidenthal
Eduardo Simon
Eduardo Sirotsky Melzer
Eduardo Tracanella
Efraim Kapulski
Erh Ray
Ezra Geld
Fábio Burg Mlynarz
Fabio Coelho
Felipe Simi
Fernanda Magalhaes Schmid
Fernando Barros Silva
Fernando Campos
Fernando Chacon
Fernando Cirne
Fernando Taralli
Flavio Pestana
Flavio Rezende
Flavio Steiner

Francisco Javier Sebastian Mendizabal Alvarez

Francisco Meirelles

Frank Pflaumer

Gal Barradas

Geraldo de Brito

Geraldo Rocha Azevedo

Glaucio Binder

Guga Ketzer

Guilherme Jahara

Guto Cappio

Hilton Madeira

Hugo A. de Vasconcelos Rodrigues

Isabella Zakzuk

Ítala Herta

Jaime Troiano

Jairo Soares

Jaques Lewkowicz

Jens Olesen

Joanna Monteiro

João Alberto Livi

João Augusto Valente

João Batista Simon Ciaco

João Carlos H. Zicard Vieira

João Carlos Saad

João Roberto Vieira da Costa Jorge Pohlman Nasser

José Francisco P. Eustachio

José Henrique Ramos Borghi

José Luiz Madeira

José Luiz Tejon Megido

José Roberto Meister Müssnich

Juliana Nunes

Júlio Cesar Anguita

Júlio César Ribeiro – *In memoriam*

Junior Borneli

Laura Chiavone

Lica Bueno

Luís Fernando Guntovitch

Luiz Augusto Teixeira Leite

Luiz Calainho

Luiz de Alencar Lara

Luiz Eduardo Falco

Luiz Fernando Musa

Luiz Sanches

Magali Colconi Carrijo

Marcello Serpa

Marcelo Leopoldo e Silva de Carvalho

Marcelo Miyashita

Marcelo Parada

Marcelo Tripoli

Marcia Esteves

Marcio Oliveira

Marcio Parizotto

Marcio Salem

Márcio Santoro

Márcio Toscani

Marcos Gouvêa de Souza

Marcos Lacerda

Marcos Roberto Quintela

Marcos Scaldelai

Maria Eugênia Campacci Rocha

Maria Lúcia Antônio

Mário D'Andréa
Mario N. Sousa
Mauricio Eugenio
Maurício Magalhães
Mauro Segura Tadeu Villas Boas
Michele Dim D´Ippolito
Michelle Matsumoto
Octávio Florisbal
Odilon Machado
Orlando dos Santos Marques
Otávio Dias
Otto de Barros Vidal Jr.
Paschoal Fabra Net
Patricia Peck
Paula Bellizia
Paula Nader
Paulo Cesar Queiroz
Paulo Giovanni Wilbert Servolo
Paulo Gregoraci
Paulo Ishibashi
Paulo Zoéga Neto
Pedro Atílio Cesarino
Pedro Faria
Pedro Waengertner
Pergentino Mendes de Almeida
Piero Motta
PJ Pereira
Priscila Stoliar
Pyr Marcondes
Queiroz Filho
Raquel Virgínia

Ricardo Cavallini
Ricardo Dutra
Ricardo Esturaro
Ricardo John
Ricardo Lordes
Roberto Luiz Justus
Roberto Medina
Roberto Pereira Tourinho
    Dantas
Rodolfo Medina
Rodrigo Andrade
Romeo Deon Busarello
Sandra Cristina Martinelli Silva
    Luperi
Sergio All
Sérgio Amado
Sérgio Gordilho
Sérgio Motta Mello
Sergio Prandini
Sérgio Silbel Soares Reis
Sônia Regina Hess de Souza
Thiago Richter Bacchin
Tom Coelho – *In memoriam*
Ulisses Zamboni
Valdir Barbosa
Volney Faustini
Walter Longo
Walter Susini
Washington Olivetto
Washington Theotonio
Willy Haas Filho

1

ADMIRÁVEL MUNDO NOVO

Dias de "VINHOS E ROSAS", como na música, chegando ao fim. As chamadas BIG TECHS, na ausência total de regulação de um mundo absolutamente novo, deitaram e rolaram. Será muito difícil acostumarem-se a crescimentos e lucros convencionais. Mas, não existe alternativa. E, enquanto isso, o mundo corre atrás de regular a utilização de dados. E brevemente, dando as cartas, com a anuência de todos, a ORGANIZAÇÃO MUNDIAL DE DADOS, OMD. Mais que na hora...

Nos próximos anos, ao lado de nossas casas e/ou apartamentos, haverá fazendas e hortas urbanas. Centenas de prédios revocacionados para uma nova e relevante missão que não tem mais nada a ver com abrigar, e sim, alimentar pessoas. E nosso adorado mestre e mentor PETER DRUCKER lembra a todos que a melhor maneira de planejar o futuro é construí-lo. Enquanto HITCHCOCK, em seu filme O HOMEM QUE SABIA DEMAIS, canta que "O que será, será..." e não se fala mais nisso.

E agora entra em campo e ocupam as mesas as inusitadas e saborosas MELANCIAS AMARELAS. Brevemente, em outras cores também. Enquanto milhões de pessoas seguem acreditando que emprego nasce e dá em árvore. De verdade, uma espécie mais que em extinção.

Nos anos 1960 THEODORE LEVITT ensinou, mas o mundo não entendeu. Seguiu comprando e estocando produtos ainda que o que precisasse era exclusivamente os serviços que os produtos prestam. Agora caiu a ficha e as pessoas vão deixando de comprar e assinam. Nasce a Society As A Service, SAAS. E com a pandemia chegando ao final, as empresas migrando para o HOME OFFICE e ESCRITÓRIOS PROVISÓRIOS sobram mesas, cadeiras, cestos de lixo, e as empresas de leilão vivem seu melhor momento.

OS DIAS DE "WINE AND ROSES" CHEGARAM AO FIM...

No dia 9 de novembro de 1889, um sábado, decidiu-se prestar uma homenagem aos oficiais do navio chileno Almirante Cochrane. Com um grande baile na Ilha Fiscal. Mal sabiam os homenageados e todos os demais participantes que aquele seria o Último Baile da Monarquia. Dias depois, 15 de novembro, na sexta-feira seguinte, veio a Proclamação da República Brasileira.

De certa forma 2020, o ano da pandemia, foi uma espécie de baile da ilha fiscal das Big Techs. Pode ser até que ainda demore mais de um ano, mas, dois, três... em hipótese alguma.

Assim, e como era de se esperar, as Big Techs, mais abençoadas ainda pela pandemia, racharam de ganhar dinheiro em 2020.

Google, Amazon e "Feice", para ficarmos apenas em três, juntas, fizeram um lucro em 2020 de mais de US$ 200 bilhões. Vamos conferir.

A Amazon ganhou – lucro líquido – US$ 21,33 bi, o equivalente a 84% a mais que no ano anterior. A Netflix, ainda uma das menores Big Techs, mas representativa do território que não para de crescer – o *streaming* –, alcançou um lucro de US$ 2,76 bi, contra US$ 1,87 bi do ano anterior. E até a mais emblemática c mais recente das Big Techs, a empresa de Elon Musk, a Tesla, que em 2019 ainda nadava num vermelho vivo com um prejuízo de US$ 862 milhões, saiu do vermelho e encaminhou-se para um lindo azul: um lucro de US$ 690 milhões.

O Google bateu no lucro de US$ 40,51 bi, 25% a mais que o lucro de 2019. E o "Feice" chegou nos US$ 29,15 bi, um crescimento de 18%. A Microsoft, a vovó das Big Techs, pelo espetacular desempenho de suas nuvens, alcançou um lucro de US$ 44,28 bi, 13% a mais que em 2019. E fechamos com aquela que ainda e com total merecimento, pela incomensurável beleza e acurácia de seu design, é a mais cortejada dentre todas, a Apple, com um lucro de US$ 57,4 bi, 20% a mais que em 2019.

É isso amigos, a farra de crescer e prosperar num território de pouca ou nenhuma regulamentação, e dar mordidas generosas e substanciais em cadeias de valor tradicionais, possibilitou às Big Techs uma década de fartura e riquezas. Muito provavelmente seguirão ganhando um bom dinheiro nesta nova década. Mas jamais como nos dias, como dizia a música, de Wine and Roses, de alegrias, felicidade, prosperidade e sucesso.

Lembrem-se: "The days of wine and roses, Laugh and run away, Like a child at play", e agora, "Toward a closing door, A door marked never more, That wasn't there, before...".

"Dias de vinhos e rosas, de felicidades e alegrias, como de crianças a brincar... Agora uma porta fechando, com uma placa alertando, nunca mais, e que não estava ali antes...".

Ou como respondia o corvo na poesia monumental de Edgar Allan Poe... Quando as Big Techs voltarão a rachar de ganhar dinheiro...? E o corvo responde: "Never more..."

Acabou. Ou melhor, está acabando... Elas não têm do que reclamar!

2021/2030, ORDEM GERAL NA BAGUNÇA

A última vez que isso aconteceu foi em 1944, na cidade de Bretton Woods. Ao lado da OMS, em breve, a OMD, Organização Mundial de Dados. E até o final de 2022, a implosão das big techs. Mais que na hora.

Não dá para postergarmos as carências monumentais de regulação mais que necessárias para um ambiente digital, que cada dia mais integra-se ao analógico convertendo-se num único ambiente, diante dos elevados riscos que isso traz à sociedade. Mais ou menos como se tivéssemos nascido milhões de séculos atrás com apenas o lado direito do corpo. E a partir da virada do milênio, agregássemos, à parte original, o outro lado. Analógico e digital integrados em um único corpo ou ambiente.

Com todas as limitações, cansaços, patologias do lado direito do corpo pelos milhões de anos de vida e nenhuma do lado novo, o esquerdo, que está praticamente saindo da maternidade depois de 20 anos desde seu nascimento.

Essa linha de pensamento que nós, consultores de empresas, temos defendido e ponderado no correr desses primeiros 20 anos e desde o nascimento do ambiente digital, a cada dia que passa vai encontrando manifestações semelhantes em todos os países do mundo.

Meses atrás, John Thornhill, editor de Inovação do *Financial Times*, publicou importante artigo sobre o tema. Segundo Thornhill, encontramo-nos na iminência de um Crash Tecnológico.

Diz ele, "A tecnologia tem sido uma ferramenta indispensável da nossa reação à pandemia, e as decorrentes quedas na economia. Os médicos, por exemplo, socorrem-se da telemedicina, as crianças das aulas a distância, e bilhões de pessoas fazendo compras, trabalhando e comunicando-se a distância. Mas, se não tomarmos todos os cuidados mais que necessários, nossa dependência ampliada em relação à tecnologia poderá magnificar ao invés de minimizar a próxima crise mundial. O uso onipresente da tecnologia já superou nossa capacidade de administrá-la de modo seguro. Se não melhorarmos nossos regimes de segurança, governança e marcos regulatórios, permaneceremos alarmantemente vulneráveis à mutilação da infraestrutura essencial por má intenção ou espontaneamente. Estamos às vésperas de um colapso tecnológico." Ou seja, amigos, a minutos, ou metros, do caos...

Assim como alguns outros pensadores vêm sugerindo, Thornhill propõe a criação de uma espécie de OMC de dados, uma Organização Mundial de Dados – OMD.

Nós, consultores acreditamos que é necessária uma medida bem maior e estrutural, considerando que desde 1944 o mundo não se reúne para colocar ordem na bagunça. Na que já existia e precede o nascimento do ambiente digital, a qual eclode agora de forma magnificada em decorrência do ambiente digital.

Nossa recomendação é a convocação de uma nova Bretton Woods, reunião dos países que aconteceu no final da Segunda Grande Guerra, colocar um mínimo de ordem nesse quase caos depois de duas guerras, da quebra da bolsa, de recessões e tudo o mais.

E nessa reunião, um dos temas principais seja a criação da Organização Mundial de Dados – OMD. Ou seja, amigos, muitos de nós, de dez anos para cá paramos de dividir o mundo como se fosse dois – analógico e digital – e hoje não há como considerar essa possibilidade.

Os 20 anos que separaram, precariamente, analógico e digital chegaram ao fim. O corpo é único e precisamos urgentemente equalizar seu funcionamento. Antigo e novo num mesmo espaço não param em pé, não sobrevivem. Muito especialmente porque parcela expressiva das coisas se superpõe. E a fragilidade do velho escancara-se.

É agora ou agora.

AGROPECUÁRIA URBANA

Se as profecias na música "Sobradinho", de Sá e Guarabyra, de 1977, eram de que o sertão iria virar mar, repetindo o Beato Antônio Conselheiro na vida e nos *Sertões* de Euclides da Cunha, 1902, a agropecuária urbana começa a invadir São Paulo e outras grandes cidades em todo o mundo.

Em dados de novembro de 2021, especificamente na cidade de São Paulo, os números apontam de forma insuspeita e superlativa nessa direção. A vacância nos edifícios corporativos – também conhecidos como "prédios de escritórios", multiplicou-se por três em 18 meses... E não para de crescer. Quase 500 mil metros quadrados a caminho de se converterem em hortas verticais e fazendas verticais para a produção de alimentos de toda a ordem.

Em 30 anos, 2050, parcela expressiva do que os habitantes das grandes cidades do mundo comerão será produzida nas esquinas próximas. Isso mesmo. Parece um exagero, e é. Mas em hipótese alguma é uma impossibilidade. Assim segue a urbanização da agropecuária, de forma muito lenta, mas acontecendo. Especialmente na agricultura e, mais adiante, na pecuária também.

Bois, galinhas e porcos produzidos no prédio ao lado. Na agricultura, com mais e novas fazendas urbanas. Na pecuária, com a edição genética da bicharada.

Na cidade de São Paulo já há algumas fazendas urbanas instaladas produzindo, vendendo e alcançando resultados surpreendentes. Na pecuária, um pouco mais adiante, e com todas as conquistas da edição genética, repito. Diferentes espécies animais produzidas em laboratórios urbanos. A urbanização da agricultura começa pelas denominadas "folhosas" – alface, couve, rúcula, espinafre – e uma das primeiras e mais emblemáticas referências é uma fazenda de 56 metros quadrados no bairro de Pinheiros, cidade de São Paulo.

A fazenda Cubo. Realizou sua primeira colheita no mês de junho de 2019. Nos primeiros meses trabalhou exclusivamente com duas folhosas e hoje já conta com 13 cultivos diferentes sendo seis tipos só de alface. Em 56 metros quadrados, uma sucessão de paredes, estantes, calhas e painéis de led, fornecendo luz para o cultivo.

Vem produzindo uma média de 800 quilos por mês e a quase totalidade da produção é vendida diretamente para os moradores da vizinhança. Os que têm mais curiosidade, quando da compra presencial, podem através de uma janela conhecer todo o sistema.

Além de manifestações como a da Cubo, muitas outras vão se multiplicando. Alguns restaurantes decidiram tornar-se autossuficientes em algumas matérias-primas e estão utilizando espaços disponíveis ou "mortos" de suas instalações, incluindo tetos, para a adoção e cultivo de hortas.

Claro, tudo ainda muito no início, mas com o esvaziamento das lajes corporativas em todos os próximos anos, em decorrência da mudança na forma de trabalho das empresas, muitos edifícios comerciais de hoje, até o final da década de 2020 estarão convertidos para Fazendas Verticais Urbanas, as FVUs. Os primeiros registros manifestam-se em outras cidades de todo o mundo, passando pelo Rio de Janeiro, e ganhando maior adesão e consistência no Japão onde já existe um total de 200 fazendas verticais.

É o admirável mundo novo revelando suas mais emblemáticas e revolucionárias manifestações. Em 100 anos as florestas do mundo resgatarão os espaços perdidos para bois, vacas e alfaces. E falaremos de outros assuntos...

DRUCKER, HITCHCOCK, JAMES STEWART, DORIS DAY E OUTROS

Nosso adorado mestre e mentor Peter Ferdinand Drucker aproximava-se de completar 60 anos de idade. E falar sobre o futuro passou a ser pauta permanente de suas palestras, entrevistas, artigos, manifestações.

Num período de 24 meses produziu reflexões da maior importância sobre o tema, das quais separei cinco para compartilhar com vocês.

A primeira, diz:

"Aqui estou eu com 58 anos de idade e sem saber o que farei quando crescer". Imagino que sejam aqueles momentos da vida em que paramos para refletir diante da total ignorância e escuridão sobre quantos anos a mais teremos de vida pela frente.

A segunda, diz:

"Apenas preparar-se para o amanhã é insuficiente. Comece descartando tudo o que não faz mais sentido, que não é produtivo, e que definitivamente em nada contribui para os objetivos". O tal do desapego. Com o passar dos anos vamos acumulando uma série de inutilidades pela vida. Físicas, materiais, intelectuais. Quando nosso prazo de validade vai terminando chegou a hora do descarte. Ou para nos descobrirmos mais leves e aproveitar mais os anos que nos restam, ou para desocupar espaço mesmo na cabeça, como informações e conhecimentos que temos total consciência que não nos conduzirão a canto algum.

A terceira, diz:

"Tudo o que sabemos sobre o futuro é que será diferente; e já é o bastante". Não perder tempo em tentar descobrir tudo antecipadamente, mesmo porque não conseguiremos. É tocar em frente, a partir do que se sabe...

A quarta, diz:

"Mudanças são inevitáveis; tal como a morte e os impostos. Você pode até postergar por algum tempo, mas, mais cedo ou mais tarde, vai ter de se haver com as mudanças". Chega de enrolar, chega de procrastinar. Mãos à obra... Ontem!

E a quinta:

"Você pode prever o futuro tanto quanto dirigir à noite numa estrada, com faróis apagados, olhando no retrovisor". Pare com essa mania tola de prever como será. Lembre-se sempre do outro ensinamento mais que consagrado do mestre:

"A melhor ou única maneira de prever o futuro e sem erros é construí-lo...".

Por outro lado, é sempre importante não nos esquecermos da música que foi trilha sonora do filme "O Homem Que Sabia Demais", com James Stewart e Doris Day, de outro grande mestre Alfred Hitchcock, lembram? "O que será, será", no original, "Whatever will be, will be", composição de Jay Livingston e Ray Evans, e que dizia

"When I was just a little girl / I asked my mother, 'what will I be?'

Will I be pretty, Will I be rich? Here´s what she said to me...

O que será, será, / Whatever will be, will be,

The future is not ours to see / O que será, será / What will be, will be...".

O que tiver de ser, será...

É isso, amigos, ou como nos ensinou Ortega Y Gasset: "Somos nós mais nossas circunstâncias...". Segue a vida!

A MELANCIA AMARELA

Em 1990 decolou o Projeto Genoma Humano, PGH, pilotado por James D. Watson, chefe dos Institutos Nacionais de Saúde dos Estados Unidos.

No conjunto desses Institutos havia 5.000 cientistas, 250 diferentes laboratórios contando, inicialmente, com a adesão de 18 países. Em paralelo, e desde 1998, Craig Venter e sua empresa Celera Genomics corriam por fora, com um método alternativo e privilegiando a eficácia, atalhos, tentando superar todas as desvantagens dos que contam com recursos limitados.

Em 2001, tanto o consórcio de países e cientistas como a Celera de Craig publicaram uma primeira versão do genoma humano, com mais de 90% concluído.

Em 14 de abril de 2003 o consórcio comunicou à imprensa ter alcançado a totalidade de seus objetivos, a conquista do Genoma Humano, com a sequenciação de 99% e precisão de 99,99%. J. Craig Venter fez a mesma coisa no dia 4 de setembro de 2003. Finalmente, decifrado o Segredo da Vida.

Ao divulgar o sucesso, apresentou a sequência completa do genoma do ser humano Venter. Do próprio Craig Venter! Desde então nunca mais o mundo foi e será o mesmo. E todas as espécies, além da humana, caminham inexoravelmente na direção de viver mais e melhor. E a humana, quem sabe, ganhando e a caminho da imortalidade. Ou, se preferirem, morte opcional.

Na espécie humana as conquistas decorrentes são mais que do conhecimento de todos, com o nascimento da 3ª medicina, a Medicina Corretiva, onde corrigimos erros de concepção muitas vezes antes do nascimento, e depois, a qualquer momento, a possibilidade de correções permanecem. Ganhamos a mais fantástica das borrachas! Ou, se preferirem, de corretores... E o encurtamento do tempo da preparação das vacinas – na crise da pandemia, algumas das muitas vacinas foram resultantes da Medicina Corretiva.

Com as demais espécies acontece rigorosamente a mesma coisa, e até o final deste século nos alimentaremos de produtos de hortas, agricultura e pecuária urbanas. De boi e vaca de laboratório, de alface e chuchu da casa ou do prédio da esquina mais próxima.

No final de 2021, em matéria da revista Veja, foram citadas algumas das primeiras conquistas desse Admirável Mundo Novo em processo de nascimento e construção. E isso só se tornou possível com o tsunami tecnológico. Que começou pra valer em 1971, quando a Intel apresentou ao mundo o microchip.

A matéria da *Veja* citou muitas frutas em versão revistas e substancialmente melhoradas, mas a que mais chama a atenção e talvez passe a ser o símbolo dessa revolução é a Melancia Amarela. Que por sorte já experimentamos, e é simplesmente espetacular. Quase não tem caroços, sensivelmente mais doce e com 66% a mais de fibras.

É isso, amigos, temos um admirável mundo novo pela frente e precisamos o mais rápido possível integrar nosso país a esse movimento redentor. Chegou a hora de libertarmos o Brasil do ranço trágico de incompetência, corrupção e falta total de empatia dos primeiros 521 anos. Chegou a hora das melancias vermelhas e das amarelas também!

Todos, arregaçando as mangas e em direção a, finalmente, um Novo Brasil.

ONDE NASCEM AS ECONOMIAS

Temos dúvidas e convivemos com diferentes respostas a diferentes fatos da vida e diversas versões deles. E assim prosseguiremos... Muitas dessas dúvidas, que se revelam permanentemente nas perguntas que habitam a cabeça de cada um, quem sabe nunca terão resposta.

A gênese, a origem da economia, não é uma dessas dúvidas. Ou não deveria ser. Todos, com um mínimo de inteligência e juízo mais que sabem onde começa tudo. Não convivemos com qualquer dúvida tautológica, tipo "Quem nasceu primeiro, o ovo ou a galinha?", ou, como se dizia na publicidade, "Tostines vende mais por que é fresquinho ou é fresquinho por que vende mais?".

No tocante à economia, mesmo as pessoas de pouca cultura e entendimento sabem o caminho da origem, sabem qual é a gênese. E que é... Um dia, uma pessoa de forma natural em outros países, e ensandecida no Brasil devido às dificuldades e ao cipoal de normas, leis e regulamentos, decide empreender. Montar um negócio. E assim nasce uma empresa, muitas veze, ele ou ela, o marido ou a esposa, em algumas situações com o filho, cunhado, vizinhos. E assim que o negócio começa a caminhar dias, semanas ou meses depois, nasce um emprego. Isso mesmo, um emprego.

Não existe nenhuma outra espécie na natureza que produza uma fruta essencial e virtuosa denominada emprego. Apenas uma espécie, que se chama empresa! E esse emprego, de imediato, já no final do primeiro mês, gera salário para quem trabalha e impostos que darão origem ao Estado. Uma instituição que alguém um dia decidiu inventar para fazer o papel de uma espécie de síndico e/

ou administradora de condomínio. Cuidar de um edifício chamado economia. Essa é a história. Esse é o caminho. E assim aconteceu com nosso país.

Voltando aos anos 1950, quando a industrialização engatinhava por aqui e os serviços também, nós, brasileiros, ou trabalhávamos ou encaminhávamos nossos filhos para trabalhar nos pequenos comércios das cidades, alguns mais corajosos prestavam o concurso do Banco do Brasil, outros trabalhavam nas prefeituras, um número menor nos governos de Estado, e um menor ainda no governo Federal.

70 anos depois e dada a nossa indiferença, o nosso comodismo e irresponsabilidade, fechamos os olhos e o Estado foi crescendo, aumentando de volume, intensidade e tamanho, multiplicando-se mais que coelhos os funcionários públicos nas prefeituras, câmaras, secretarias, País, justiça, forças armadas, guardas-civis. Em síntese, 70 anos depois convivemos com um monstro. Que até mesmo por questão de inércia, não para de avançar e crescer.

E por que decidimos fazer esse comentário? Porque estamos enfrentando uma das maiores crises da história do mundo e, especialmente, de nosso país, pela característica do Estado brasileiro. Neste momento em que a economia volta para trás em desabalada marcha à ré e não temos mais dinheiro para nada, os funcionários públicos comportam-se, através de *lobbies* poderosíssimos, como se estivéssemos vivendo tempos de total e intensa prosperidade.

O Titanic Brasil afundando e eles pedindo mais e mais champanhe... E assim, perplexos, assistimos a governadores exigindo a concessão de aumentos e outros benefícios pelas empresas aos funcionários em meio à pandemia. Nem no pior dos pesadelos poderíamos imaginar que um dia nos confrontaríamos com esse absurdo. Não é que o Estado vai quebrar. Já quebrou!

Com a queda brutal na economia, existe uma correspondente queda na arrecadação. Assim, e como vem acontecendo na única espécie da natureza que dá uma fruta chamada emprego, que são as nossas empresas, os que não perderam o emprego terão, inexoravelmente, o salário reduzido. E terão de se defrontar com o apetite irracional e incontrolável do monstro Estado que não aceita redução no salário de seus funcionários, como ainda reivindica aumento para muitos deles. Mais de dois anos desde a pandemia algum de vocês já ouviu alguma proposta para redução de salário dos funcionários públicos do País? A começar pelo presidente da república, ministros, magistrados, militares, nos governos federal, estadual e municipal? Enquanto os que pagam seus salários mergulham na miséria e no desemprego, sem a menor perspectiva de alguma luz mais adiante...

Assim, e voltando ao início. Um alucinado, mais conhecido como empresário, decide empreender no Brasil e nasce uma empresa. Semanas ou meses depois começam a brotar os primeiros empregos... E logo no final do primeiro mês, os impostos... Hoje, todas as empresas, em maior ou menor intensidade, encontram-se destruídas pela pandemia. Cortam empregos e reduzem salários. E quando olhamos para a próxima esquina, tudo o que vemos é um Estado a nos dizer "preciso aumentar os impostos...", para poder honrar os compromissos com os servidores públicos.

É isso, e é essa, queridos amigos, a patética e absurda realidade. É o fantasma ou monstro que nos espera na próxima esquina. Isso mesmo, aquele que parimos lá atrás para, em tese, prestar serviços para todos nós... O maior dos pesadelos. Precisamos resistir... Antes que o monstro que construímos para nos servir – lembram? os servidores públicos – nos devore a todos.

Fica a pergunta, será que em algum momento ouviremos qualquer proposta para a redução do salário do presidente, dos governadores, senadores, deputados, vereadores, militares, magistrados e todos os demais milhões de funcionários públicos? Ou sangraremos até o fim...?

Que ao menos acompanhem nossos enterros e acendam uma vela...

LAAS – LIFE AS A SERVICE

No ADMIRÁVEL MUNDO que está nascendo, onde o capital é o CONHECIMENTO e a reputação/marca/*branding* é o segredo do sucesso e da prosperidade, onde o *sharing* e as *sharing companies* são o novo formato de se organizar e trabalhar, e quando, finalmente, existe o entendimento que todos estão no negócio de serviços, e que o produto existe pelos serviços que prestam e não pelo produto em si, o processo de migração das empresas segue de forma consistente, crescente e irreversível em direção a uma "new life", a uma nova realidade.

A da LAAS – L, A, A, S – Life As A Service.

Como a Toyota já tinha feito, quem anunciou meses atrás sua empresa de locação de carros foi a Fiat Chrysler. Nasceu a Flua! Havia milhares de alternativas melhores para o *naming*, mas preferiram Flua!

Fábio Siracusa, diretor da nova empresa, assim define o propósito da Flua!: "Uma empresa de mobilidade que vai dar a opção ao cliente de locação de carros por assinatura, com liberdade de escolher modelo, cor e opcionais que deseja. Carros zero-quilômetro, e depois que realizar o pedido digitalmente, poderá acompanhar todo o tempo e processo de produção...".

Inicialmente, a Flua! decola nas cidades de São Paulo e do Paraná, em 32 concessionárias que participam do lançamento. O cliente poderá optar por contratos que preveem uma franquia mensal de 1,2 ou 3 mil quilômetros. E no valor da assinatura estão incluídos seguro, manutenção preventiva e assistência 24 horas. O cardápio inicial da Flua! contempla oito modelos diferentes da Fiat e dois da Jeep.

O maior argumento que as revendas Fiat estão usando para convencer os ex-compradores de automóveis e a partir de agora locadores, é que no segundo seguinte que um carro novo comprado sai da revenda ou loja, seu valor cai entre 20% a 30%. Assim, um carro de R$ 80 mil de segundos atrás, ao colocar os pneus na rua vale menos R$ 24 mil. Exatamente o que custa um pacote de um sedã básico por um ano.

É isso, amigos, a mudança começou. Gradativamente, em todos os setores de negócios veremos as empresas irem migrando de fabricantes de produtos para prestadores de serviços.

E assim, dia após dia, começamos a viver a novíssima e dominante LAAS – Life As A Service... Quem diria!

E pensar que Theodore Levitt quase foi "linchado", décadas atrás, quando afirmou que "as pessoas não compram produtos, e sim, os serviços que os produtos prestam...". E se são serviços, não precisavam comprar... era e é suficiente assinar!

TEMPOS DE *BUNKERS* E CASAMATAS

Em momentos de escalabilidade de mortes de pessoas e de empresas, casa de leilões e agências funerárias prosperam.

Por tristes e dolorosos motivos, mas oportunidades são oportunidades, e serviços, por mais constrangedores e indesejáveis que sejam, fazem-se necessários.

Assim, e enquanto as fábricas de móveis começavam a sentir uma queda brutal na procura por seus produtos, as empresas de leilões não tinham mais como conciliar as datas de leilões de tantos produtos que receberam nos últimos meses. Algumas nem mais aceitam por falta de espaço para guardar e também por não haver novas datas para leilões.

A demanda que mais surpreendeu os leiloeiros, e que começou nos tempos da pandemia, foram milhares de empresas buscando seus serviços para colocar parte ou a totalidade dos móveis e até mesmo equipamentos para leiloar.

Isso posto, as casas de leilões passaram a ser mais seletivas, e em muitas situações recusaram-se a aceitar o serviço.

Um dos milhares de compradores em leilão dos móveis e equipamentos que sobraram das empresas disse, em matéria do jornal

O Globo, "Comprei por R$ 300,00 uma cadeira que custa mais de R$ 1.000,00, além de duas mesas por R$ 100,00 cada, e que custariam, individualmente, na faixa de R$ 50,00... No total das compras economizei mais de 70%...".

Enquanto isso, fábricas de móveis de escritório continuam, mas muitas com a produção sensivelmente reduzida ou parada, e algumas fecharam para sempre.

E sobre as funerárias é quase desnecessário comentar. Dia sim outro também, e em meio a dezenas ou centenas de caixões, ocuparam as primeiras páginas dos jornais.

Se no século passado autores famosos diziam que enquanto as pessoas choram pelas tragédias era oportuno vender lenços; se em grandes ventanias nos mares navegadores enfunavam as velas; se nosso adorado mestre e mentor Peter Drucker recomendava que nas chuvas as pessoas recorressem às bacias...

As funerárias e casas de leilões prosperaram absurdamente prestando um serviço social da maior importância, ainda que em decorrência de uma tragédia.

Quem diria que um dia essas instituições iriam recusar clientes...

2
INTELIGÊNCIA DE MERCADO

Como uma empresa faz para ultrapassar 100 anos de existência? Referenciando-se, por exemplo, à SULAMÉRICA, que permanece o tempo todo questionando e se perguntando se não está na hora de inovar e reposicionar-se. E está mais que na hora de as empresas pensarem duzentas vezes antes de confiarem suas marcas aos tais influenciadores digitais...

Pra sair bem na foto, o presidente do BNDES pisou na bola. Esqueceu-se de que a primeira responsabilidade de uma empresa é parar em pé, ser viável, dar lucro. E como previsto, a pandemia acabou por acelerar as agonizantes lojas de departamentos em todo o mundo, com raríssimas exceções.

As deformações e esquisitices decorrentes da pandemia ainda resistirão por mais algum tempo. Depois resgataremos o velho e bom ser humano hoje adormecido dentro de nós. E nem todos podem reclamar da pandemia. Determinados negócios, por suas especificidades, quebraram todos os recordes de venda. Como CLÓVIS e sua GIULIANA FLORES.

As vantagens incontestáveis da especialização. CELSO FRIZON reinventou e especializou-se na ciência e arte de assar costelas. Só dá ele. Enquanto a CHILLI BEANS, de CAITO MAIA, continua ensinando a todos os concorrentes sobre a ciência e a arte de agregar serviços aos óculos que avia e vende.

SULAMÉRICA SEGUROS: MOVIMENTO DE MESTRE

Considerando, mais que acertadamente, a mudança radical naquele que foi um dos setores mais prósperos da economia, o dos automóveis, e à medida que a relação automóvel/consumidores muda completamente de características – pessoas migrando da propriedade/compra para o uso/assinatura – a SulAmérica, uma das líderes desse território, decidiu saltar fora e concentrar-se no ramo que no curto e médio prazo torna-se mais interessante, enquanto sua carteira de autos tinha valor.

Assim, vendeu sua carteira de seguros de automóveis para a Allianz, em 2019, pela bagatela de R$ 3,2 bi. E concentra-se, desde então, em proteção e cuidados de pessoas. Em 2020, registrou lucro líquido total de R$ 2,3 bi, o maior lucro de toda sua história, 98,7% maior que o do ano anterior.

Nesse meio tempo, e fortalecendo sua revisão estratégica, comprou a Paraná Clínicas Planos de Saúde, fazendo com que sua carteira de saúde e odontologia ultrapassasse os quatro milhões de clientes. Em paralelo, preservou-se forte e competitiva no território do seguro de vida, com dois milhões de segurados, e ainda mantém sob administração em seu plano de previdência privada um total de 8 bilhões de reais. Assim, e com total merecimento, fechou a década com um glorioso balanço.

Sob o comando de Gabriel Portella desde 2013, e próxima de completar 127 anos, a SulAmérica é uma das mais longevas empresas brasileiras, e vem demonstrando capacidade e sensibilidade incomuns em detectar mudanças e antecipar-se com respostas consistentes. Ou seja, tem revelado excelência em sua visão estratégica. Nenhuma empresa ultrapassa 100 anos sem essa virtude.

Explicando a decisão da venda do *business* de seguros de automóveis da empresa que dirige, Gabriel Portella disse:

"Não estávamos considerando essa alternativa. Mas veio a Allianz com uma proposta surpreendente. Levei a proposta ao conselho e me perguntaram, 'Você pode dar o retorno para essa carteira que se equipare à proposta da Allianz?' No ato, respondi: Nem pensar! A Allianz, mais que valorizar a carteira, valorizou nosso modelo de negócios...".

Sobre as constatações, lições e aprendizados decorrentes da pandemia, Gabriel enfatiza que o índice de sinistralidade no plano de saúde, no trimestre olho do furacão da corona crise, o segundo de 2021, caiu para 69,1%, uma queda de 12% em relação ao ano anterior, e explica, "as pessoas ficaram com medo". O nível de redução em determinadas especialidades foi muito grande. Em pronto-socorro, 40%. Exames despencaram. E a telemedicina foi a maior aliada na relação com os clientes...

Assim, a SulAmérica saltou de 500 consultas médicas mensais da telemedicina de antes da pandemia para 68 mil!

É isso, amigos. Não existe hora para se reposicionar. Ainda que movimentos vigorosos e consistentes tivessem de ser dados mesmo em plena pandemia.

E foi o que fez, com incomum propriedade e consistência, a SulAmérica Seguros.

Num movimento de mestre, a SulAmérica trocou pepinos – automóveis – e decidiu concentrar-se em morangos – proteção e cuidados para as pessoas.

Saltou na frente. Agora, aos concorrentes, só resta correr atrás.

FALA SÉRIO... A RESPEITO DESSES NÚMEROS MONUMENTAIS DO DIGITAL...

Ainda, e por um bom tempo, muitos dos números referentes ao ambiente digital devem ser lidos e analisados com os dois pés atrás. Definitivamente falta consistência e seriedade.

A começar que, até hoje, para constrangimento e vergonha de todos que se calam, as big techs trilionárias em duas décadas limitam-se a informar quantas pessoas viram posts e vídeos por três segundos... Algumas um pouquinho mais... Definitivamente, é uma piada. Sabem exatamente quantos minutos, segundos e frações foram, mas, para não revelar a verdade por inteiro, insistem na prática deletéria e tóxica, e as empresas, resignadamente, se calam... E... pagam! Mais que merecem.

Nas últimas Olimpíadas, atletas vencedores brasileiros viram o número de seus seguidores escalar nas redes sociais. Definitivamente não era consistente e muito menos sério. Não que não merecessem. Apenas manifestações espasmódicas, em meio a forte emoção de uma manhã, tarde, dia, índice, recorde, medalha, que, assim como aconteceu, se não forem sustentadas por conteúdo minimamente de qualidade, desvanecem-se em poucos dias, semanas, exagerando... três meses. Evaporam, sem nem mesmo deixar registros de verdade. E assim, de um dia para outro, naquele momento, nossos heróis olímpicos escalaram.

Rayssa Leal, 4ª skatista, começou os jogos e após toda a divulgação de seu nome e retrospecto, com 870 mil seguidores. Veio a medalha, saltou para 6,5 milhões.

Douglas Souza, do vôlei, saltou de 1,8 milhão para 3,2 milhões.

Ítalo Ferreira, surfista, de 1 milhão para 3,0 milhões.

E Rebeca Andrade, ginasta, de 250 mil para 2,2 milhões.

Nossos heróis receberam mais que merecidamente todas as homenagens e felicitações, queridos brasileiros que chegaram lá. Entretanto, e definitivamente, está mais do que na hora de as empresas pararem de se enganar levando a sério esses números como referência para a construção de estratégias e definição de políticas de comunicação. *Branding* de excepcional qualidade é o que toda empresa precisa!

Com esses números, mesmo os recordistas da última Olimpíada não figurariam nos *rankings* dos chamados "Influenciadores do Brasil" (SOCORRO!)

Naquele momento, por exemplo, segundo o jornal *Extra*, referindo-se a uma espécie de *ranking* do primeiro semestre de 2021, a liderança disparada era de Neymar com 150 milhões de seguidores; vindo Ronaldinho Gaúcho na segunda posição, com 1/3 dos seguidores de Neymar, 53 milhões. E depois, pela ordem, vêm Anitta, Whindersson Nunes, Marcelo Vieira Jr., Tatá Werneck, Bruna Marquezine, Gusttavo Lima, Larissa Manoela, Marina Ruy Barbosa, Maisa Silva, Marília Mendonça, Wesley Safadão, Ivete Sangalo, Daniel Alves, Simone Mendes, Paolla Oliveira, Luan Santana, Sabrina Sato, Juliana Paz, Kevinho, Eliana, Juliette, Giovanna Ewbank, Isis Valverde na 25ª colocação com 25,3 milhões de seguidores... Muitas vezes mais que o primeiro atleta olímpico...

Mais de um ano depois daquele *ranking*, prevalece o aprendizado, claro, para quem estiver interessado e for sensível e profissional na gestão dos recursos sempre escassos das empresas: jamais recomende a contratação de qualquer suposto influenciador para incrementar o *branding* de sua empresa pelo número de seguidores. Merda na certa.

Apenas pela qualidade da referência, que é para todos aqueles que verdadeiramente o admiram. E se a referência tem consistência, e depois ainda conseguindo passar por uma série de outros e importantes filtros. Para não correr o risco de jogar dinheiro fora, e, principalmente, associar a marca de sua empresa com uma celebridade fugaz ou de pouca relevância, ou, pior ainda, com conotações negativas e sentimentos deploráveis a seu respeito.

Curto e grosso, só recorra ao testemunhal dos tais influenciadores em condições excepcionais e depois de infinitos filtros. Pensando, no mínimo, três vezes antes de decidir.

Mantenha-se sempre preparado porque, a qualquer momento, c, literalmente, repito, são elevadíssimas as chances de dar merda.

BOUTADES...

É como os franceses costumam se referir a manifestações bonitas na aparência, mas pobres e irrelevantes, ou, se preferirem, o tal do "me engana que eu gosto" ...

Assim, e numa *live* pouco tempo atrás, o presidente do BNDES, Gustavo Montezano, por um brilhareco circunstancial, protagonizou uma pobre e lamentável *boutade*.

Disse que, atualmente, a instituição que dirige "coloca questões ambientais e sociais acima do lucro financeiro"... Simplesmente patético e mentiroso.

1. Erro – Não se trata de colocar acima ou abaixo. Sem lucro não se faz absolutamente nada e empresas não existem. Muito menos se conseguem recursos para proteger e cuidar do ambiente. Portanto, afirmações e comparações descabíveis, patéticas, mentirosas. Sem lucro o BNDES fecha as portas.

2. Impossibilidade absoluta – O lucro tem um caminho próprio e específico. E assim todos os compromissos sociais e ambientais precisam ser tratados, simultaneamente. Não se trata de uma situação de emergência ou pandemia em que alguns acreditavam ser necessário primeiro cuidar do isolamento e depois se preocupar com a economia – com o que discordamos radicalmente. Como é uma situação de realidade, o desafio tem de ser enfrentado simultaneamente e por igual. Sem lucro uma empresa deixa de existir, e assim, todos os compromissos sociais e ambientais vão para o espaço.

Como estava junto, e para não ficar atrás, o presidente da XP, Guilherme Benchimol, não deixou por menos e reforçou a *boutade*: "Temos de entender que todos somos responsáveis e não apenas o governo sozinho...".

Idealmente deveria ter se contraposto ao presidente do BNDES. Mas, se lhe faltou coragem e verdade para tanto, melhor seria ter mantido a boca fechada.

Enquanto não tivermos a coragem e dignidade de dizer e colocar o que tem de ser dito, enfrentar os desafios da vida e da realidade, continuaremos destruindo nosso patrimônio natural. Mas as pessoas adoram esmerar-se na produção de infinitas *boutades*.

A ordem é esta. Não existe outra. Primeiro um maluco, em nosso país, dadas às dificuldades, o ambiente inóspito e o cipoal de normas, leis e regulamentos, decide empreender. No início sozinho, na sequência e se bem-sucedido, começa a crescer, gerar empregos, pagar impostos, e com o dinheiro dos impostos o Estado passa a ter recursos para atender e cumprir sua responsabilidade. Não existe outra ordem, caminho ou sequência.

Sem empresas rentáveis e prósperas, o patrimônio natural dos países continuará sendo destruído. Por total e absoluta falta de recursos. Apenas isso. Tão simples quanto. Mas as pessoas insistem em acreditar que dinheiro brota em árvore...

Frutas e flores brotam desde que as árvores sejam cuidadas, que tenham pessoas capazes de colhê-las, acondicioná-las, vendê--las, gerando riquezas, empregos, impostos e o dinheiro necessário para preservarmos o patrimônio natural.

Fora disso, tudo é "me engana que eu gosto". Tem quem goste...

BOA PRA VIAGEM

Dentre as expressões que ganharam vida e se institucionalizaram na coronacrise, uma das que mais vem sendo utilizada por donos de restaurantes é "boa para viagem". No início da crise, os supostamente melhores restaurantes da cidade recusavam-se a oferecer seus melhores pratos a distância e em embalagens de papel-cartão ou alumínio.

Pensavam: Em poucas semanas a crise passa e voltaremos ao normal. Não passou e tiveram de recorrer ao *delivery*, ao menos na tentativa de manter a equipe da cozinha. E assim, passaram a oferecer seus melhores pratos entregues nas casas dos clientes.

No final das primeiras semanas descobriram, com a reclamação de alguns desses clientes, que aquele mesmo prato que já conheciam, adoravam e comiam nas mesas desses restaurantes, quando embalados, entregues e consumidos em casa, não era a mesma coisa.

Conclusão, descobriram que alguns desses pratos eram bons para viagem, ou "comida boa para viagem" – e outros, nem tanto.

E assim, deixaram de oferecer, ou tiraram dos cardápios do delivery os pratos não bons para viagem.

Portanto, mesmo depois da coronacrise, e talvez para sempre, em todos os cardápios, existirá a anotação ao lado do prato, "bom para viagem" ou "não recomendado para viagem".

Conclusão, e na necessidade de continuarem escrevendo suas colunas sobre restaurantes, os críticos dos principais jornais também decidiram avaliar os pratos bons para viagem.

E assim, no Estadão, no caderno "A Quarentena", a avaliação das feijoadas que se saíram bem na marmitinha, as tais das "boas para viagem".

Como era de se esperar, o grande vencedor foi o restaurante que há décadas vive de fazer e vender feijoadas em suas instalações todos os dias, e também craque na feijoada a distância, o Bolinha!

Daquelas marcas que quando você ouve pronunciar o nome já vem o gostinho do feijão preto, paio, linguiça, pururuca, couve e até mesmo da caipirinha na boca.

E nós nos perguntamos, somos bons para viagem?

Acho que somos.

Não conheço uma única pessoa que não seja boa para viagem.

E quando tudo passar, todos, claro, que puderem, correndo arrumar as malas...

O MUNDO DAS MINORIAS, OU O MESMO E VELHO ANORMAL...

Durante tempos as pessoas incomodavam-se com as tais minorias privilegiadas. Que por diferentes razões, principalmente econômicas, tinham acesso a determinados eventos, viagens, cerimônias, realizações que os demais mortais não tinham... Uma espécie da chamada clite. Agora minorias são o supostamente e declarado novo normal. Em tudo, ou quase. Sempre pequeno número de pessoas.

Na edição de 2022 comentamos com vocês sobre a vazante nos espetáculos ao vivo, muito especialmente em cinemas e teatros. Os cinemas vitimados pelo *streaming*; os teatros pelas dificuldades das pessoas, depois de muitas horas de trabalho, ainda encontrarem disposição para saírem, enfrentar o trânsito uma vez mais e pagar todos os custos inerentes.

Muitas vezes, o preço do ingresso ou consumação era o menor dos custos. E assim, barbaridades foram sendo cometidas. E, pior ainda, declaradas e assumidas publicamente, como produtores de espetáculos teatrais passarem a tesoura nos textos originais para fazer com que a trama coubesse em no máximo uma hora e meia, sem intervalo. Com intervalo, metade da plateia saía e não voltava para segundos atos.

Teatros monumentais, como por exemplo, o Metropolitan Opera House de Nova York, para 4000 pessoas, não conseguindo mais que 300 a 500 pessoas. Parece que já estavam treinando para a pandemia. Todos bem separadinhos como se anunciando a chegada da corona crise e seu vírus desagregador. Em verdade, no Brasil, um dos poucos sucessos nesse território eram algumas exposições de arte.

No retorno, quando as coisas se aproximaram do normal, aquilo que se manifestava como uma evolução ou involução natural no hábito das pessoas escalou devido à covid-19. Conclusão, no retorno, o tal de novo normal dos espetáculos, número limitado de lugares nos cinemas e teatros, pessoas distantes nas filas para ingressarem e verem exposições de arte, ingressos sem papel e só nos *smartphones*, e, repetindo, Short is Beautiful, quanto mais curto um espetáculo, melhor.

Ao menos, e enquanto foi proibido cantar "Beijinho doce", de João Alves dos Santos, mais conhecido como Nhô Pai (1912-1988), gravado pela primeira vez em 1945, pelas Irmãs Castro. Provisoriamente, nem abraços apertados, nem sorrisos dobrados e muito menos amor sem fim. Provisoriamente, sem beijinhos doces... Só frios, insípidos, inodoros e a distância.

Definitivamente chamar-se isso de normal é uma "aberração". É qualquer outra coisa menos novo normal. Apenas e tão somente, o novo e mesmo anormal de sempre... Nós não somos assim. "Me dê um abraço, venha me apertar, tô chegando...".

Passou, felizmente, já passou...

A REINVENÇÃO DE CLÓVIS, OU O DIA EM QUE AS FLORES VIRARAM ABRAÇOS

Era uma vez o menino Clóvis, na cidade de Duartina, que, aos 10 anos de idade começou a envolver-se com... flores... Isso mesmo. Repito, flores...

Aos 12 fazia arranjos, aos 19 prestava serviços para três floriculturas diferentes; apaixonou-se por uma tal de Giuliana e começou uma pequena loja em São Caetano Sul (SP) com o nome da namorada.

Na virada do milênio criou coragem, muniu-se de conhecimento e abriu uma pequena janela na digisfera do Brasil, no ambiente digital, e reinventou o negócio das flores por aqui, da mesma maneira que o Wine, clube de vinhos, reescreveu a história do negócio de vinhos.

Para acompanhar as flores, que com um sistema de *sharing* – compartilhamento e parceria, tipo colmeia – passou a entregar em todo o Brasil, Clóvis dava a opção de algum presentinho anexado, tipo uma caixa de bombom ou uma pequena lembrança.

O menino de 10 anos das Flores de Duartina agora tem 50. Assim, e 40 anos depois de seu primeiro dia, ingressou, assustado, na pandemia. E com todos trancados em casa, a demanda pelos serviços da Giuliana Flores, surpresa, cresceu 300%. E aí, o bicho carpinteiro que coçava sua cabeça e não dava sossego ganhou corpo, e agora Clóvis prepara-se para decolar com um marketplace de presentes. Flores e milhares de outras alternativas.

Em matéria assinada por Marisa Adán Gil, da revista *Pequenas Empresas & Grandes Negócios*, Clóvis conta mais sobre seus aprendizados e sonhos.

- Os preparativos – "Assim que entendemos como o governo pretendia proceder diante da pandemia nos reunimos e traçamos três estratégias: A, B e C, caso as vendas caíssem em níveis insuportáveis. Deu tudo errado! Aconteceu exatamente o contrário. Já nos primeiros dias da quarentena, as vendas começaram a decolar... Em semanas vendíamos três vezes mais que antes da pandemia, e na Páscoa chegamos a vender 400 ovos por hora. Batemos todos os recordes. Nos 30 anos de Giuliana jamais recebemos 95 mil pedidos num único mês. No ano inteiro de 2019, por exemplo, totalizamos 33 mil pedidos...".

- Entendendo a loucura... – "Os dias passando e as pessoas sem poder sair de casa... Aniversários acontecendo, datas especiais também, saudade aumentando, e a flor virou abraço...".

- Plantando o futuro – "Trabalho com flores há 40 anos. Sempre soube que flores, chocolates e bichinhos de pelúcia são, como se diz agora na pandemia, bons para viagem, ótimos para seguirem juntos num mesmo presente. Em 2012, comecei a fazer parceria com outras empresas, como Kopenhagen, Amor aos Pedaços, Havanna, mas chegou a hora do passo maior. Em novembro de 2021 decolou o Marketplace da Giuliana, quero ser o destino principal, a opção natural de toda pessoa que pensar em presentes. Estamos decolando, novamente...".

Conhecendo a capacidade mais que demonstrada de Clóvis, e considerando sua decisão de ampliar o negócio respeitando rigorosamente a expectativa de seus clientes – que olham para a Giuliana e reconhecem sua competência, autoridade e valor –, a decisão tem tudo, absolutamente tudo para dar certo.

Mas que jamais, em hipótese alguma, Clóvis caia na tentação de fazer o que dezenas de empresas estão pateticamente fazendo hoje, em tempos de loucuras e desvarios. Decidindo ser marketplaces de tudo. De alfinete a berinjela, de avião a parafuso.

Parafraseando Mário Quintana, todos esses que estão alucinando pelo caminho, esses passarão – ou ficarão pelo caminho, – e o Clóvis, "passarinho"...

São nossos votos e torcida. Merece.

COSTELA, A IMPORTÂNCIA DA ESPECIALIZAÇÃO

Al Ries e Jack Trout diziam, empresas estão mais para raio laser do que para sol. A energia do sol é infinitamente maior e mais poderosa do que a miséria que é a energia do laser.

Acontece que a energia do sol, infinitamente maior, é difusa, e com um bom protetor e um guarda-sol passa-se um dia inteiro na praia sem qualquer queimadura. Já o laser, com aquela merreca de feixe de luz, mas concentrada, fura-se o dedo de uma pessoa em questão de horas; quem sabe, minutos...

E aí veio a crise, e o empresário e chef Celso Frizon, que vem construindo sua imagem de autoridade em costela, isso mesmo, aquela carne supostamente de segunda e gordurosa, adorada pela maior parte dos apreciadores de carne do Brasil, com uma campanha regular e sistemática nas redes sociais no correr dos últimos anos, decidiu se reinventar. E criou a costela assada na brasa e ultracongelada.

Que, segundo ele, com seu método e inovação, preserva o aroma, a maciez e a suculência da carne depois de meia hora em banho-maria, como se tivesse acabado de sair da churrasqueira. Isso significou saltar de 200 quilos para duas toneladas de costela por semana.

Hoje, Celso virou a autoridade máxima em costela do Brasil.

Quem deu esse título a ele? Ninguém! Ele construiu, fez por merecer pela consistência de sua comunicação.

Hoje fornece porções prontas de costelas para 25 boutiques de carne da cidade de São Paulo, e nos próximos meses abre novas unidades de seu restaurante na cidade. Jamais quis ser sol. Apenas laser.

Quando nos pedem um exemplo de consistência de foco, a partir de agora e dentre outros, sempre responderemos, com louvor, o Dr. Costela.

A PANDEMIA ATACOU OS OLHOS... OU CONSEQUÊNCIAS DAS MUDANÇAS DE COMPORTAMENTO

Com a pandemia, as pessoas ficaram mais tempo em casa, vendo mais filmes, lendo mais livros, todos passaram a usar com maior intensidade os olhos e muitos foram descobrindo que estava mais que na hora de atualizar os óculos. Com isso, as consultas aos oftalmologistas aumentaram de forma significativa, refletindo-se no movimento das óticas.

Uma das maiores redes de venda de óculos, a Chilli Beans, antes da pandemia vendia 80% de óculos escuros e 20% de óculos de grau. Com a pandemia, as vendas igualaram-se, 50% a 50%.

Comentando sobre essa mudança em seu negócio, Caito Maia, criador e gestor da Chilli Beans, em entrevista ao *Estadão*, revelou mais algumas componentes de seu posicionamento e razão do sucesso da empresa...

– Preço justo – "Não dou desconto. Acredito em preço justo há 23 anos. Tenho amigos donos de marcas que depois de menos de dois meses de cada lançamento concedem descontos de 70%. Em meu entendimento, essa é uma relação errada com o consumidor."

Caito não disse, mas essa política de lançar com preço elevado e conceder descontos substanciais poucos dias depois é suicídio. A marca perde a credibilidade das pessoas que passam a rejeitar seus lançamentos, portanto, gerando desconfiança, e pior ainda, traumatizando para sempre os que compraram nos primeiros dias, com o preço cheio, e sentiram-se enganados, dias ou semanas depois.

Lojas físicas e comércio eletrônico – Segundo Caito – e concordamos – "as lojas físicas não vão desaparecer. E caso ofereçam uma experiência de excepcional qualidade, vão mesmo é se fortalecer".

Numa de suas perguntas, o jornalista que fez a entrevista pinçou uma das frases de Caito e a converteu na manchete: "Eu não vendo produto, vendo uma história".

Primeiro, não sabemos se foi exatamente dessa maneira que Caito disse. De verdade, a forma correta de dizer isso é que as pessoas não compram óculos, compram todos os serviços agregados aos óculos e que embalam, física e emocionalmente, os óculos. O *design*, a qualidade, a durabilidade, a postura dos funcionários de suas lojas, a narrativa da empresa, a narrativa do Caito e a certeza de estarem agregando beleza em seus rostos e às pessoas. Claro e óbvio, além de uma visão de qualidade.

Assim, a história, em linguagem mais precisa, a narrativa e todas essas componentes que relacionamos fazem parte do produto Chilli Beans, e em seu conjunto traduzem os serviços que o produto – óculos – presta.

E que fazem da Chilli Beans, com total merecimento, um dos grandes "cases" de sucesso das últimas duas décadas.

3
SUCESSOS, FRACASSOS, APRENDIZADOS

E de repente, com a pandemia, e aulas a distância, os alunos resolveram acelerar. Aulas de 60 minutos em 30 ou até mesmo 20. Por mais absurdo que possa parecer... funciona! Por outro lado, e em algumas circunstâncias, o "a distância" é bem melhor que o presencial. Por exemplo, visitar alguns dos grandes museus do mundo à busca de determinada obra. Muitas vezes, vê-se melhor, muito melhor, a distância, na tela da TV...

Sem *shows* e eventos, as principais empresas do setor do país mergulharam numa crise monumental. Fernando Alterio da TYF que o diga. Mais que nunca, e durante toda a pandemia, todos cantavam a pleno pulmões e voz total, "show must go on...". E a experiência insustentável de MICHEL KLEIN e sua empresa de transporte aéreo a ICON AVIATION...

Na pandemia muitos voltaram para seus países de origem... ou tentaram. No Brasil, ocorreu o maior movimento de todos os tempos de brasileiros que decidiram voltar para suas cidades e interiores. Deixando as grandes capitais. E, em algum momento, SILVIO SANTOS, de seus 90 e mais anos, concluirá que por mais que tenha se empenhado, a JEQUITI definitivamente não se insere em seus sucessos.

O fim das mentiras nos recrutamentos. Pouco se pergunta sobre estudos e línguas e tudo se pergunta sobre o que os ex-empregados, novos parceiros, sabem e são capazes de fazer. E segue o cortejo patético de empresas que tentam conquistar os que detestam sangue e carne, chamando seus produtos de hambúrgueres vegetais... socorro!

BOM DE CLASSE É, TAMBÉM, BOM DE VÍDEO?

A pandemia escancarou o que funciona bem em tempos anormais, em relação ao que funcionava bem nos tempos de normalidade. Lembram, nas comidas por *delivery*, alguns chefes de cozinha descobriram que alguns pratos funcionavam bem para viagem – os "bons para viagem" – e outros eram um desastre e convertiam-se numa gororoba.

Assim, saltamos do ensino presencial direto para o ensino a distância, que apenas ainda timidamente engatinhava, como se esse milagre fosse possível. Bons professores em classe revelaram-se lamentáveis e entediantes no a distância. Mas como não havia tempo, Zé virou José que virou Mané que virou Menelau... Diante da surpresa e necessidade, todos os alunos, dos pequenos aos mais velhos, foram engolindo.

Poucas vezes com prazer, mas, e na maioria das vezes, com raiva e revolta. Já que não tinha Zé foi com Zezé mesmo, conscientes que não adiantava reclamar nem com os pais, com o mundo e muito menos com Deus. Assim, os alunos decidiram proceder aos ajustes por conta própria. E foram desenvolvendo diferentes formas de tragar o intragável.

Conclusão, cada aluno passou a gerenciar o conteúdo que recebia a distância de acordo com sua disposição temporal e emocional. E uma nova prática foi prevalecendo. A de tentar corrigir em casa as deficiências das aulas e dos professores. E milhares de alunos desenvolveram a técnica de acelerar aulas.

Acelerar as aulas? Enquanto pelas limitações da pandemia a vida desacelerava-se, pelas chatices de muitos professores – heróis, não têm culpa, não foram preparados e nem levavam jeito – as aulas viraram uma espécie de bit acelerado, como cantava a música. Nas pesquisas realizadas, a justificativa ou defesa... "A decisão de assistir às aulas no modo acelerado possibilita em primeiro lugar manter a atenção, por decorrência, poupar tempo e evitar, especialmente, o tédio, o sono e que muitos terminem as aulas do dia roncando com a cabeça sobre o teclado do computador...".

Dentre as reportagens sobre o tema, uma espécie de metrificação do tempo e dos supostos ganhos dos alunos. O depoimento de uma estudante de psicologia, Carolina Canellas, à Bruna Arimathea do *Estadão*, revela:

"Ansiosa para acabar as coisas logo, adianto as aulas para acabar rápido. Comecei acelerando o vídeo em 1,25x. Agora tem aula que assisto em até 2x. Acelerar em duas vezes significa que faço uma aula de uma hora em trinta minutos. Já quando a velocidade é 1,25, uma hora dura 48 minutos...".

É isso, amigos, uma espécie dos novos Inocentes do Leblon, como um dia celebrou Carlos Drummond de Andrade, e que não viram o navio entrar... Os Novos de agora acreditavam que era só trocar a roupa de professor por ator que tudo estaria resolvido, aproveitando os mesmos roteiros e comportamentos do tempo das aulas presenciais. Arma a câmera que dona Terezinha, querida professora de Taubaté, vira Fernanda Montenegro no ato... Cora Coralina dizia "feliz aquele que transfere o que sabe e aprende o que ensina".

Em condições normais e verdadeiras, é por aí mesmo. Há dois anos tudo o que constatamos são professores tristes e contrariados porque não conseguem transferir o que sabem e, por decorrência, não aprendem o que ensinam...

Isso posto, o ensino presencial voltou! E o a distância concentrando-se não mais no aprendizado, mas na especialização e atualização de adultos, jamais crianças e adolescentes. Ensino a distância, na formação e capacitação, só faz sentido se for absolutamente impossível o presencial. Só em caráter excepcional, tragédia ou calamidade.

MONA LISA E PAULINHO DA VIOLA

Em relação aos meses da pandemia eu tenho procurado ressaltar e valorizar em meus comentários que nada se compara, nem de longe, à emoção do físico, do live, do presencial. Nada se compara, nem de longe, ao perto.

Nos negócios e na vida. Pessoa com pessoa. Amigos com amigos. Mães e pais com os filhos. Avós com netos. Irmãos com irmãos. Ao vivo. Olhando, vendo, ouvindo, tocando.

Profissionais com profissionais. Próximos, olho no olho, acompanhando e lendo movimento de corpos, braços e mãos. Empresas construindo presencialmente uma narrativa forte e consistente somando milhares de corpos, corações e mentes. Repito: juntos, presencialmente, ao vivo.

Porém, e como diria Paulinho da Viola, "Coisas desse novo mundo, minha nega", o adensamento populacional, as dificuldades de acesso não apenas pelas distâncias, mas pela deficiência, insuficiência e falta mesmo de transportes, estão conferindo uma importância maior e única a algumas coisas – poucas, em caráter excepcional – que mais que podemos, deveríamos sempre, optar pelo "a distância". As tais das mais que justificadas exceções. Por exemplo, tentar ir e frequentar e ver as grandes telas de pintores famosos nos museus.

Lembro-me do dia em que fui ao Louvre, ao virar em uma das alas caí na sala dela, Mona Lisa. Tremia de emoção. Finalmente, o encontro! Permaneci a 40 metros de distância, tendo na minha frente uma centena de turistas japoneses, todos com câmeras e fotografando. Uma Mona Lisa que depois de vítima de vandalismos, estava trancafiada numa caixa de aço, com um vidro de dupla densidade e à prova de balas e de idiotas, protegendo-a. Além de dois guardas de armas em punho para qualquer eventualidade.

O constrangimento, o aparato, a loucura eram de tal ordem que mesmo vendo não enxerguei nada. Muito menos ela, a Mona Lisa. Objetivamente, fiquei muito próximo, mas não vi Mona Lisa.

Meses atrás, uma matéria no *The New York Times* comentou todas as mudanças, correções, reformas que o Louvre fez aproveitando os meses fechado pela pandemia. E a matéria é ilustrada pela sala onde se encontra ela, Mona Lisa. Permanece na mesma caixa blindada que eu vi a distância, agora com uma série de grades definindo a distância máxima que os visitantes têm que guardar, assim, se você for ao Louvre, prepare-se. Você, apesar de no mesmo espaço que ela, Mona Lisa, tudo o que verá é um vulto... Talvez forneçam binóculos...

Isso posto, e nessa circunstância, abro uma exceção e afirmo: diante das novas realidades do mundo em que vivemos, se você quiser ver um quadro cara a cara, de pertinho, sentir suas nuances, testemunhar o ritmo das pinceladas de Gauguin, Picasso, Van Gogh, e tentar mergulhar no sorriso dela, Mona Lisa, obra monumental de Leonardo Da Vinci, também conhecida como La Gioconda – a sorridente – recomendo ver de sua sala, de casa, e recorrendo a duas dúzias de alternativas disponíveis. Muito especialmente se você tem uma boa e grande televisão com imagem das duas últimas gerações.

Isso posto, queridos amigos, esqueçam como referência de qualidade ensino e trabalho a distância. Em muitas circunstâncias é a única alternativa, mas, sempre que possível, o presencial segue dando de goleada. Agora, ver a Mona Lisa, os quadros de Van Gogh, Rousseau, Renoir, Degas a distância, mais que melhor, é praticamente a única possibilidade. Nas situações e circunstâncias do momento, a maior distância que você se coloca diante de uma obra de arte, é, por mais absurdo que possa parecer, presencialmente.

THE SHOW MUST GO ON

Essa é uma expressão comum no meio e na classe artística. O Show Não Pode Parar. É verdade, mas, às vezes, é impossível não parar. Como ocorreu durante mais de dois anos, por exemplo, no período da pandemia.

Numa de suas músicas de grande sucesso, o Queen e Fred Mercury tomaram essa expressão emprestada e colocaram no título. E nos versos descrevem, de certa forma e premonitoriamente, o que assistimos nos meses da pandemia.

"Empty spaces,

"Espaços vazios

What are we living for?

Pelo que estamos vivendo?

Abandoned places...

Lugares abandonados...

I guess we know the score

Acho que sabemos os resultados

On and on

De novo e de novo

Does anybody know what we are looking for?".

Alguém sabe o que nós estamos procurando?"...

Grosso modo... Procurando pela vida!

E enquanto a vida não retornava em sua plenitude, todos em busca de vacinas e de remédios, para que se resgatasse um mínimo de perspectiva da volta à normalidade, ainda que fosse uma nova e diferente normalidade, qualquer normalidade...

E mesmo tendo que Must Go On, o Show estava absolutamente parado, ou funcionando a baixíssima pressão, em todo o mundo. Tipo bandeira a meio pau... Quase no chão... Conclusão, uma das empresas mais bem-sucedidas nesse território em nosso país, a T4F, que administra o UnimedHall, antigo Credicard Hall e Citibank Hall, do empresário Fernando Altério, segue vivendo sua maior e pior crise.

Em entrevista a *Veja SP,* Fernando Altério declarou "Jamais imaginei viver algo assim em meus quarenta anos de entretenimento"...

Outros espaços da cidade de São Paulo também mergulharam de cabeça na crise. Na mesma matéria da *Veja SP*, Marco Antônio Tobal Jr., dono do Espaço das Américas e da Villa Country, comentava "Demitimos quase todos os funcionários, mas, mesmo assim seguimos pagando aluguéis, cuidando da manutenção mais os impostos...".

O jovem e talentoso empresário que se notabilizou por resgatar espaços perdidos ou esquecidos, mas com um saldo irrelevante em termos de negócios em suas iniciativas, Facundo Guerra, também na mesma matéria diz: "Antecipamos receitas e teremos que trabalhar sem lucros por anos... precisei me endividar e atrasar impostos...".

Por outro lado, o que parecia ser uma solução, ainda que precária, no início, as *lives* cansaram muito rapidamente e jamais deixaram qualquer lucro. A situação era tão desesperadora que muitos empresários do setor não viam nenhuma outra alternativa pela frente que não fosse jogar a toalha, desistir, fechar as portas, encarar a falência e todas as suas decorrências.

Na música do Village People, "Can't Stop the Music", cantavam "You can't stop the music, nobody can stop de music... O vírus parou a música, ainda que provisoriamente. E sabe-se lá quando voltará na intensidade e volume de dois anos atrás...

Restam então os versos da canção de Carlos Lyra e Vinicius de Moraes, independentemente da crise, "E, no entanto, é preciso cantar, mais que nunca é preciso cantar, é preciso cantar e alegrar a cidade"...

As pessoas, as cidades, o país, o mundo, de tal forma que "a tristeza que a gente tem qualquer dia vai se acabar...".

Quem sabe, tomara, rezemos, cantemos, depois do Carnaval... Comecinho de março...

O QUASE IMPOSSÍVEL NEGÓCIO DA AVIAÇÃO

Por razões que a própria razão desconhece, e não obstantes os milhares de fracassos de sempre, o sonho e o coração prevalecem. E assim, como mais que previsto, aconteceu novamente.

O mais que bem-sucedido empresário Michael Klein, que recomprou a Via Varejo do Grupo Casino e em dois anos trouxe a empresa para o azul e crescendo de forma acelerada, decidiu, anos atrás, investir no território da aviação executiva. Seus amigos mais próximos tentaram demovê-lo da ideia; consultores a distância fizeram sucessivos alertas; mas o sonho era maior e irresistível. E assim, Michael Klein embarcou na aventura de colocar em pé uma empresa de aviação executiva relativamente parruda, a Icon Aviation.

Segundo Michael, além de sua paixão por aviões, a empresa da família, Casas Bahia, precisava de muita agilidade na locomoção de seus gestores. Ele, Michael, era um *heavy user* de táxi aéreo. Durante o período em que ficou distante das Casas Bahia, enquanto o grupo Casino era o sócio majoritário, Michael decidiu comprar mais aviões e dedicar-se quase *full time* ao negócio.

Ainda no mês de novembro de 2018, quando não tinha retomado o controle da Via Varejo, em entrevista para a revista *Forbes* falava com emoção sobre seu negócio de táxi aéreo. Dizia, "Hoje temos dez hangares em diferentes aeroportos na Região Sudeste com bases em Congonhas, no Campo de Marte, em Sorocaba, Santos Dumont e Brasília... Além do *charter* investimos no atendimento em hangar para quem tem aeronave, em consultoria para a compra e venda de aeronaves, e em um novo sistema de propriedade compartilhada".

E seguia em seu entusiasmo, "Em função da crise econômica muita gente que se desfez de aeronaves passou a fretar aviões e helicópteros. Investimos em uma frota nova e diversificada. Temos desde turboélices para pistas de terra até jatos de médio e longo alcance, além de helicópteros. São mais de 30 aeronaves...".

Michael fala de seus hábitos no decorrer de sua trajetória junto com o pai e o irmão nas Casas Bahia... "Sempre usei a aviação – meu pai e meu irmão também – para decidir, por exemplo, onde ergueríamos uma nova loja. No início fretávamos e depois passamos a comprar aviões e helicópteros. Com o tempo toda a diretoria da Casas Bahia passou a usar essas aeronaves na otimização do negócio... A gente ganha tempo, não fica preso no trânsito, é mais seguro e conseguimos cumprir uma agenda bem extensa"... Era esse o pensamento de Michael, em 2018, quando ainda permanecia distante da Via Varejo.

Corta para 2021, Michael Klein no *Estadão*, manchete: "Michael desiste de investir no setor da aviação". E na matéria: "Depois de investir oito anos em aviação executiva o empresário Michael Klein se desfez do negócio e ampliou o foco de seus investimentos em imóveis e concessionárias. De 13 hangares e 33 aeronaves de sua empresa Icon Aviation sobraram dois aviões, dois helicópteros e dois hangares".

Assim, e como previsto, aconteceu novamente. Todo o cuidado quando se mistura paixão com negócio. Se não conseguir preservar um mínimo de isenção e critério, a paixão falará mais alto e o negócio custará caro, muito caro. Michael atribui o fracasso à fatalidade. Diz, "Não foi um erro apostar em aviação executiva. É um mercado muito dinâmico. E acredito ter sido bom passar por essa experiência. Como não foi rentável, decidi sair do negócio".

Rabelais, escritor, médico e padre do Renascimento, alertava: "O homem nasceu para trabalhar, tal como o pássaro para voar... Alguns homens, no entanto, não resistem à tentação de trabalhar, literalmente, voando".

Quase nunca dá certo... E quando dá, é por pouco tempo...

RETORNO ÀS ORIGENS

O que milhares de pessoas jamais imaginaram um dia acontecer, de terem de voltar a suas bases, raízes, à sua origem, cresce dia após dia nos grandes centros urbanos do país. Muitos de nós hoje, além de trabalhar de casa, estamos resgatando a relação com toda nossa vizinhança.

Rigorosamente, o mesmo aconteceu e continua acontecendo com as pessoas que estavam distantes de seus países e nos últimos meses recorreram a esses países para voltarem.

Lembrem-se dos apelos nos últimos meses que testemunhamos de brasileiros no exterior esperando uma espécie de último avião para resgatá-los e trazê-los de volta. O mesmo aconteceu aqui, no Brasil, com moradores das grandes capitais que decidiram retornar às cidades de onde vieram.

A revista *Época* foi atrás e documentou muitas dessas histórias.

O prefeito de uma das cidades da Bahia, Adustina, Paulo Sergio de Oliveira, do PSL, estima que mais de 500 migrantes retornaram à cidade. E dentre centenas de histórias, levantadas pela revista *Época*, a de:

- Francisco Antônio, que morava há 12 anos no bairro de Sapopemba, na cidade de São Paulo, perdeu o emprego no restaurante em que trabalhava e fechou as portas, decidiu voltar com a mulher, filho e sobrinho para a Paraíba, de onde veio...

- Ana Rosa da Silva, empregada doméstica, do sertão baiano a 400 quilômetros de Salvador. Há 12 anos em São Paulo, mãe solteira de duas filhas, decidiu retornar. Hoje vive na casa de sua irmã que   tem quatro filhos, numa casa de três cômodos. Disse: "Minhas duas meninas e eu dormimos no mesmo quarto que minha irmã e mais uma de suas filhas... É complicado...".

- Dispensados do emprego, Sílvia Rodrigues, auxiliar de limpeza, e seu marido Antônio Agripino, auxiliar de pedreiro, compraram passagem para o Ceará. O casal e uma filha de 15 anos viviam num apartamento no bairro de Alto Industrial, São Bernardo do Campo

E por aí vai... Ainda não existe um cálculo preciso da dimensão da migração, mas estima-se que milhares de brasileiros decidiram voltar às cidades onde nasceram. Seguramente, o maior movimento migratório dos últimos anos, talvez de todos os tempos.

Assim como as crianças correm para o colo dos pais, especialmente das mães, em situação de perigo e medo, todos, instintivamente, procuramos sempre, em situações de crise, por nossas raízes.

SILVIO SANTOS

Um dia o camelô Senor Abravanel, que nasceu na Travessa Bem-te-vi no bairro da Lapa, Rio de Janeiro, no dia 12 de dezembro de 1930, que esbanja saúde e já passou dos 90 anos, filho de um emigrante grego, Alberto, sefardita de Tessalônica, e de Rebeca, judia de Esmirna, parte do antigo império Otomano, enveredou pela carreira artística, sem prática e nem habilidade além das de camelô.

Mas com talento vazando por todos os poros, emplacou um primeiro programa na televisão em 1962 – "Vamos Brincar de Forca", TV Paulista – e que mais adiante virou o "Programa Silvio Santos"; na sequência comprou o Baú da Felicidade de seu amigo Manoel de Nóbrega, e, finalmente, no dia 22 de outubro de 1975, o maior comunicador que o Brasil já teve até hoje, recebeu de Ernesto Geisel o direito a um canal de televisão, no Rio de Janeiro.

No correr dos anos evoluiu para uma rede, o atual SBT. No meio do caminho montou um banco que, como todos os seus demais negócios, foi ficando pelo caminho, quebrando, salvando-se sempre, e exclusivamente, só o que dependia de seu talento de comunicador: a televisão, o SBT. Grosso modo, um homem de um sucesso só. Mas que sucesso!

Dentre suas tentativas precárias, decidiu porque decidiu mergulhar no território da beleza. E em outubro de 2006, lançou a Jequiti. Hoje, 16 anos depois, a Jequiti é uma promessa que não sai do lugar.

Mesmo com o espaço desproporcional em publicidade que tem no SBT, continua sendo um dos negócios perspectiva zero de Silvio Santos. Que segue colocando em risco sua galinha de ovos de ouro, o SBT, como aconteceu com suas perdas monumentais no Banco PanAmericano. Conclusão, mais uma vez volta-se a falar na venda da Jequiti.

E a pergunta, quem teria interesse em comprar uma empresa que 14 anos depois, e não obstante a injeção desproporcional de espaços publicitários, é uma máquina de perder dinheiro? Os últimos números disponíveis falam de uma venda total de R$ 470 milhões em 2019 para um exército de 250 mil revendedoras, ou seja, um desempenho pífio.

A história da Jequiti, assim como de outros negócios de Silvio Santos, é uma sucessão de equívocos. Como empresa de beleza, jamais conseguiu ter um posicionamento minimamente consistente e com qualquer possibilidade de sucesso. Uma empresa que se mantém em pé, repito, anabolizada pelos espaços e presença que tem no SBT, e pelas sucessivas e infindáveis promoções que são feitas com resultados decepcionantes e insuficientes, sempre.

Anos atrás Guilherme Stoliar, na época o principal executivo do SBT, sobrinho de Silvio Santos, recomendou o fechamento da Jequiti. Hoje, imagino, e para fechar, Silvio Santos e família terão de realizar elevado prejuízo.

Jequiti, objetivamente, e diante de tudo o que fez de forma equivocada, e do sucesso de empresas como Natura e Boticário, não faz mais o menor sentido. Salvo um milagre excepcional. Como há tempos não testemunhamos no mundo dos negócios.

MENTIRAS E MAIS MENTIRAS... DE PROFISSIONAIS EM BUSCA DE EMPREGO

E aí a revista *Veja* foi atrás, conversou com algumas das principais empresas de recrutamento de executivos e contabilizou os principais problemas, vícios e/ou falhas recorrentes nos currículos.

Segundo a pesquisa de *Veja*, quatro são os principais problemas desses currículos.

1. A versão que os profissionais dão porque saíram dos empregos anteriores. Quase sempre o problema era da empresa, desde definições de funções confusas e pessimamente comunicadas, ou ambiente inóspito absolutamente incapaz de aproveitar todos seus predicados e conhecimentos. Grosso modo, o que de certa forma é relativamente natural, para não admitir falhas e muito menos fracasso, elaboram ou constroem uma espécie de ficção.

2. A maior dentre todas as mentiras é a afirmação que fazem, por escrito, de que dominam um idioma. Essa suposta verdade absoluta não resiste a 3 minutos de conversação. Muitas vezes não chega nem no final do primeiro minuto. Às vezes, não resistem a um Good morning...

3. Também, e à semelhança da língua, o domínio técnico que alegam ter da área... Quando mais da metade tem apenas alguma familiaridade e ponto.

E 4. Titulagem acadêmica. Aí é um vale tudo total, fraude mais que facilmente comprovável. Como vem acontecendo nos últimos anos com presidentes da república, ministros, juízes e muitos e outros mais.

De qualquer maneira vivemos o fim desse capítulo da história da Administração.

Esse tipo de emprego vai chegando ao fim com o prevaleci-mento da *sharing economy*, da economia por compartilhamento, das empresas que se organizam exclusivamente por parcerias. Não existe emprego, apenas desafios a serem compartilhados por pro-fissionais empreendedores e independentes, e empresas.

Como sabiamente dizia a sensível escritora Anaïs Nin, "A origem da mentira está na imagem idealizada que temos de nós próprios e que desejamos impor ao outros". Às vezes dá certo. Às vezes, não...

O que nós pensamos sobre o tema? Não minta nunca, se for ca-paz, ainda que pela melhor das razões.

À ESPERA DA LUZ, OU HAMBÚRGUERES VEGETAIS!

O supostamente gigantesco mercado dos absurdos e patéticos hambúrgueres vegetais continua decolando na maior treva, mediocridade, burrice e absoluta incapacidade de nascer do zero, do novo, novo, absolutamente novo, revolucionário, chocante e com denominação e códigos específicos.

Sem precisar recorrer a uma muleta totalmente desnecessária e tóxica, pelas denominações que usam, repetindo de forma patética que são o outro lado da carne.

Uma nova categoria que nasce envergonhada, medrosa, acovardada, pedindo desculpas o tempo todo.

Não são o outro lado da carne. Jamais serão. São uma agradável e surpreendente novidade, da qual seus fabricantes morrem de vergonha.

Uma espécie de filho bastardo, rejeitado, que vai passar o resto da existência desculpando-se por existir.

Se, como dizem, "são o outro lado da carne", que criem denominação nova e "salubre", segundo seus entendimentos, e não recorram a denominações tóxicas, segundo eles, como filés, hambúrgueres, churrascos, almôndegas, croquetes.

Essas iguarias têm em seu DNA, e por decorrência em suas denominações, sua origem animal; não conseguem dissimular, sangram...

Depois do cometimento da barbaridade pelas grandes empresas JBS, Marfrig, BRF, Unilever, dentre outras – no final de 2020 foi a vez de uma das mais importantes marcas e boutiques de carne do país, a Wessel, cair na mesma tentação e proceder de forma igualmente medíocre.

A propósito, a família Wessel renegar a carne é uma impossibilidade absoluta.

Lançou sua versão de hambúrguer vegetal marca Meta Foods... E as pessoas, naturalmente, sabendo que Wessel é carne de excepcional qualidade, entram em parafuso e não entendem absolutamente nada.

Pior ainda, ao invés de Meta Foods, leem e ouvem Mentira Foods. Mais ou menos como se de repente o diabo se vestisse de santo... E quisesse que todos levassem a sério e começassem a rezar juntos.

Já estressamos tanto este assunto quanto à posição da Madia como consultoria sobre essa bobagem que preferimos parar por aqui. Mas nos próximos meses, podem escrever, mais e novos aventureiros incautos, desinformados, pobres de imaginação, inseguros, inconsistentes, continuarão tentando aproveitar-se de uma oportunidade que verdadeiramente existe – pessoas que estão deixando a carne – e pegando carona no que exatamente as pessoas estão se esforçando para deixar, a carne.

Socorro! Vai continuar não dando certo.

Apenas engrossando o cordão das iniciativas condenadas, pela falta de coragem de enfrentar e posicionar-se, a um fracasso espetacular!

Mais que merecidamente.

4

BRANDING

A peregrinação permanente ao CAVERN CLUB continua, e assim seguirá. É o templo onde um dia nasceram os BEATLES. O prédio original foi demolido em 1973, e em 1984 foi inaugurado um novo ao lado. A peregrinação continua, lota todas as noites, a força de uma marca. E em Nova Iorque despedia-se o escultor ARTURO DI MODICA, o escultor do TOURO DE WALL STREET, que anos atrás ganhou, para desafiá-lo, THE FEARLESS GIRLS, A GAROTA DESTEMIDA, obra monumental da escultora KRISTEN VISBAL. Não se fala de outra coisa. *Branding*!

O dia em que a DIAGEO vacilou colocando em risco seu extraordinário STRIDING MAN, aquele que jamais deixou de KEEP WALKING, a essência de sua narrativa. Enquanto o CARREFOUR recolhia para penitências o melhor executivo de todos os tempos que teve em nosso país, NOËL PRIOUX. Fraquejou e não conseguiu gerir, adequadamente, duas situações de graves crise na imagem da marca.

Dois gigantes, duas origens semelhantes. Duas pequenas farmácias. Uma na OSCAR FREIRE, outra em CURITIBA. Natura e Boticário, duas empresas brasileiras exemplares. E CHANEL 5 celebrou com todas as honras e merecimentos seus primeiros 100 anos.

Se havia alguma dúvida hoje não existe mais. A marca TIROLEZ vem de TIROL ou de TIROS?... E cuidado com a denominação que você escolhe para seus movimentos, causas, coletivos. Lembra do

"ENJOEI" ...? Deu no que deu. Cumpriu o anátema contido na denominação, enjoou...

CAVERN CLUB

9 de fevereiro de 1961, um dia antes de eu, Madia, completar 18 anos, cinco amigos decidiram fazer uma primeira apresentação num pequeno bar da cidade de Liverpool. O Cavern Club. Às oito horas em ponto ouviu-se o primeiro acorde de uma guitarra. Lá estavam, no palco, John Lennon, Paul McCartney e George Harrison, o The Fabulous Five – mais Pete Best na bateria, que mais adiante, 1962, cederia as baquetas para Ringo Starr, e ainda o baixista Stuart Sutcliffe.

O primeiro *show* dos Fab Five rendeu 5 libras, uma para cada um. No final do ano, o *tipping point*. As apresentações começam a atrair mais público e alguém recomenda ao produtor Brian Epstein que vá conferir. No dia seguinte era o responsável pelo conjunto. E no final de 1962 o primeiro sucesso, "Love me do", nunca mais a música e o mundo seriam os mesmos.

A capela, igreja ou o templo dos Beatles, o Cavern Club, foi inaugurado anos antes, em 1957, pelo empresário Alan Sytner. Mais como um Jazz Club. Aos poucos foi se rendendo a um tal de rock and roll... No total, os Beatles fizeram 292 shows no Cavern Club.

No ano de 1973 o Cavern Club original foi demolido, e, em 1984, reconstruído na mesma rua, do mesmo lado, quinze metros adiante. Por dificuldades financeiras permaneceu fechado por 18 meses, entre 1989 e 1991, e reaberto com novos proprietários. Até meses atrás, enfrentavam graves dificuldades em função da pandemia. Mas, sem a menor dúvida, e diante do tamanho da mística, sobreviverá. E assim que as viagens normalizarem, certamente permanecerá *sold out* – com a lotação esgotada – por meses.

Os Beatles, suas músicas, para a maioria dos 50 e mais anos, é como se fosse uma segunda religião. São as pessoas que mais viajam e dispõem de maior poder aquisitivo que incluem em seus planos, um dia, bater o ponto em Liverpool e "rezar", cantando junto, na igreja onde os Beatles começaram. Antes da pandemia, alguns depoimentos dos que tiveram o privilégio de bater o ponto e conferir o The Cavern Club:

Vanessa, Rio de Janeiro, fev. 2020 – "Optamos por dormir em Liverpool para poder curtir o The Cavern Club com show dos Beatles cover. Simplesmente sensacional, maravilhoso... Foi a melhor balada de minha vida"...

Alan, Rio Grande do Sul – "Um dos lugares que mais queria conhecer na vida. Sonho realizado. Bandas de abertura e a banda cover é sensacional. Voltarei".

Ricardo, de Campinas – "Mágico. Depois de pagar € 5 para mim e minha mulher, descer dois andares por uma escada caracol, chegamos ao famoso salão que vemos nas fotos. Definitivamente, não tem preço estar num templo de rock como esse. Se você está vacilando em ir a Liverpool, decida já: Vá, vá voando".

É isso, amigos. Muitas pessoas perguntam qual é a importância da narrativa no *Branding*. Total! E se absurdamente forte e magnetizante, potencializa a imortalidade. Independentemente da pandemia, de crises, e muito mais, assim como os Beatles, o The Cavern Club will live forever.

Assim, e quando na Inglaterra, visitar o Castelo de Windsor, o Hyde Park, as pedras da Stonehenge, as Termas Romanas de Bath, e tudo o mais. Mas se tiver só um dia e tempo para uma única atração, Help, use A Day in the Life, junte os amigos da viagem para Come Together, e jamais Don't Let me Down, I Want to Hold Your Hand, mesmo porque você e todos nós, All We need is love...

A MORTE DO ESCULTOR DO TOURO...

...que mudou a história dos investimentos, das ações e das bolsas em todo o mundo. A história emblemática de uma iniciativa individual de um ser humano tentando levar uma mensagem de esperança aos que viram seus investimentos derreterem em Wall Street. E de quebra, ela, a encantadora e espetacular Garota Destemida.

Arturo Di Modica nasceu no dia 26 de janeiro de 1941 na cidade de Vittoria, na Sicília, Itália. E faleceu em sua cidade de nascimento. Tinha dupla nacionalidade, americano e italiano. E morou muitos anos no Soho, na cidade de Nova York. Foi ele quem construiu o touro de Wall Street. Que anos atrás foi desafiado por uma encantadora e destemida menina.

No dia 18 de outubro de 1987, por obra das circunstâncias, eu, Madia, estava na cidade de Nova York. Na hora do almoço, decidi comer um sanduíche na Praça do Citicorp, na Lexington com a 3ª Avenida. Quando entrei na praça, lotada, testemunhei uma cena absurda. E que permanece vivíssima em minha cabeça, de tão maluca. Centenas de pessoas com o olhar fixo num telão, garfos nas mãos parados no ar; estáticas, vendo o preço das ações derreterem... Naquela segunda-feira negra, Wall Street literalmente despencou 22,5%. Isso mesmo, 22,5%! Eu estava lá e testemunhei!

Arturo Di Modica, escultor, decidiu intervir e dar sua contribuição no sentido de resgatar a confiança dos americanos e do mundo. Construiu um gigantesco e pesado Touro de Bronze. E assim, no dia 17 de dezembro de 1989, Wall Street acordou com um megatouro em sua porta. Arturo bancou a construção do touro. Três toneladas do metal, fundido no atelier do artista em Lower Manhattan.

Durante a noite, e com a ajuda de alguns amigos, levaram o touro até Wall Street e lá o deixaram. Virou o símbolo de Wall Street, das Bolsas, do Mercado de Capitais em todo o mundo. Batizado de Charging Bull – o touro em permanente investida... Uma espécie de metáfora ou advertência sobre um mercado que oscila, mas, como o mundo e a evolução da sociedade, mais cedo ou mais tarde aponta pra cima e segue em frente.

No dia 7 de março de 2017, na véspera do Dia Internacional da Mulher, para salientar a desigualdade de gênero no mercado financeiro, e patrocinada pelo grupo State Street Global Advisors, SSGA, foi depositada por alguns meses em frente ao touro a Fearless Girl, a "garota destemida", obra igualmente magistral assinada por Kristen Visbal, em bronze fundido.

Arturo morreu conhecido quase exclusivamente por uma única obra, seu Touro, e agora outras obras chegam ao conhecimento do público. De qualquer maneira criou, espontaneamente, com recursos e talentos próprios, um dos mais poderosos símbolos do mercado financeiro de todos os tempos. Um ícone. E ainda deu oportunidade para outra escultora, ainda que por um curto período, com sua espetacular, apaixonante e inesquecível Garota Destemida – que, de nariz em pé, enfrentou o Touro de Wall Street – para convergir o interesse, a curiosidade e atenção de milhares de pessoas em todo o mundo pelo mercado acionário, pela democratização do capital das empresas, pela economia de mercado e pela inaceitável, constrangedora e vergonhosa situação das mulheres.

Assim, Arturo Di Modica, mais que merece todas as homenagens. E por tabela, com semelhante merecimento também, iguais homenagens a Kristen Visbal, por sua espetacular Garota Destemida...

Sem a iluminada iniciativa dos dois, alguns temas de total importância seguiriam na maior escuridão.

TENTARAM CORTAR AS PERNAS DO JOHNNIE WALKER

Uma vez institucionalizada a personalidade de uma marca, qualquer tentativa de provar que "pau que bate em Chico bate também em Francisco", é, para dizer o mínimo, tolice da grossa. As marcas deveriam conformar-se com o posicionamento adotado, consagrado, e que as torna impossíveis de qualquer acomodação ou ajeitamento, sucumbindo ou rendendo-se ao revisionismo que caracteriza os tempos nos quais vivemos.

Poucas marcas foram construídas com tanta qualidade e competência nos últimos 200 anos. E se fôssemos eleger as 10 mais, a do uísque Johnnie Walker brigaria pelas primeiras posições. Sua narrativa começa com um menino chamado John, que perdeu o pai quando tinha 14 anos. Escócia, 1819. E a partir daí o John, Johnnie Walker começa a Walk, a caminhar. E nunca mais parou... Vende a fazenda que herdou, compra uma mercearia, coloca na porta seu nome e muito rapidamente, ao invés de John, era chamado de Johnnie.

Mais adiante compra uma destilaria, um de seus filhos Alexander dá sequência à obra do pai, e à medida que seu uísque vai ganhando qualidade contrata capitães de navios para levar a bebida para todo o mundo. Faz da garrafa quadrada importante diferencial, não só pelo inusitado do design, mas projetada para diminuir o número de quebras durante as viagens.

No ano de 1980, evolui para Striding Man, uma espécie de andarilho apressado, que caminha com passos amplos e firmes, e, mais adiante, 1999, veio o bordão – mais que bordão, a ordem – referindo-se a Nike, ao "Just do it", e adotando o "Keep walking". Salvo raríssimas exceções irrelevantes, não se tem notícia de qualquer relação da marca com mulheres. Definitivamente, uma marca masculina, mesmo porque, e de longe, o grande bebedor de uísque segue sendo o homem.

Assim, a Diageo, empresa que nasceu no dia 27 de outubro de 1997, em decorrência da fusão da Guinness e da Gran Metropolitan, e que tem em seu enorme portfólio de bebidas dezenas de alternativas que falam mais fundo e merecem a preferência das mulheres, não precisava fazer uma gambiarra, forçar a mão, e tentar dizer que sua mais que masculina bebida, o Johnnie Walker, deveria ser consumida com a mesma emoção e intensidade pelas mulheres. Ou, pergunto, pretende a partir de agora colocar ao lado de seu Striding Man uma Striding Woman...? O mesmo erro crasso, patético, medíocre, inaceitável, e ao contrário, cometido pela Unilever, que jogou no lixo 50 anos de construção de marca excepcional, quando decidiu de forma medíocre oferecer a melhor marca feminina das últimas décadas também para homens. A absurda coleção de produtos Dove para homem.

No momento deste comentário grito socorro, chamando a polícia para trancafiar *brandkillers*, de preferência em masmorras. Mais que fazem por merecer.

Assim, e nessa maluquice e descontrole, Johnnie Walker publicou um anúncio nos jornais, credibilidade zero, mas com poder de arranhar perigosamente a marca, tentando conseguir a simpatia e adesão das mulheres. Num texto que força a barra e diz "Um copo meio cheio é feito de duas doses... A feminina e a masculina. Só assim podemos caminhar juntos...". Vou urrar novamente, Socorro!

É Johnnie e não Joana. Para as Joanas, Marias, Terezinhas, Elisabeths e todas as demais mulheres, em seu portfólio a Diageo tem Vodka Smirnoff, Gin Tanqueray, Licores – Grand Marnier, Baileys; tem a mais emblemática dentre todas as cervejas, Guinness... E muito mais. Assim, que sempre fortaleça e jamais debilite o posicionamento de seu uísque vencedor, de sua marca espetacular, Johnnie Walker.

Diageo, keep walking. Johnnie, faz de conta que você não viu essa tentativa lamentável de acabarem com sua narrativa... De cortarem suas pernas... As duas!

DOSSIER PRIOUX

A morte por violência inaceitável e brutal de um homem negro e a morte de uma cadelinha anos antes, deram fim, ao menos no Brasil, a uma das mais brilhantes carreiras de gestores do varejo por aqui: a de Noël Prioux, Carrefour. Foi, literalmente, recolhido, e retornou à França. De nada adianta tomar as melhores decisões, realizar aquisições monumentais e emblemáticas, apresentar crescimento e lucro fabulosos, se não conseguir prevenir danos insuportáveis à imagem da marca.

Assim, com seu Carrefour coberto de glórias e sucessos, mas sua marca sangrando, Noël Prioux, 62, arrumou as malas e voltou para a França, Paris, a tempo de passar o Réveillon de 2021 na cidade-luz.

Depois de Prioux, o Carrefour consolida sua liderança em nosso país no varejo alimentar. Muito especialmente e devido às aquisições de peso como as do Makro e BIG. Prioux despediu-se deixando o Carrefour Brasil como a unidade de maior importância de todo o grupo e em todo o mundo, apenas atrás da França. Mas não foi suficiente.

Prioux chegou ao Carrefour para cuidar dos serviços financeiros do Grupo em Paris, depois cumprir missões de comando na Turquia, Colômbia, Espanha, Sul da Ásia. Em 2017 foi nomeado presidente do Carrefour Brasil e diretor-executivo do grupo para toda a América Latina.

No momento em que se preparava para a despedida do Brasil, ou retorno à França, concedeu entrevista a diferentes publicações:

- Balanço e aprendizados da pandemia – "Menos visitas às lojas e mais compras. As saídas passaram a ser mais planejadas, para comprar o máximo de cada vez. Foi uma responsabilidade e tanto implantar e manter regras de distanciamento, contar o número de clientes dentro da loja e seguir todos os protocolos de segurança. As promoções antes se concentravam nos finais de semana, depois distribuídas por todos os dias. Tornamo-nos mais presentes nas redes sociais para anunciar promoções à medida que tínhamos menos público nas lojas para receberem panfletos. Tivemos de melhorar nosso desempenho on-line"...

- O fenômeno Atacadão – "Hoje temos dois movimentos diferentes e orientados a preço. No primeiro, a busca pelo Atacarejo, as pessoas buscando maior quantidade pelo menor preço. E no outro, a valorização da Marca Própria. Sintetizando, os clientes estão mais sensíveis ao preço."

- Heranças ou mudanças institucionalizadas em decorrência da pandemia – "Mesmo num cenário de pandemia sob controle, as pessoas passaram a cozinhar mais vezes. Em paralelo, a busca crescente por produtos naturais, associando produtos mais baratos e mais saudáveis. Com bares e restaurantes fechados o consumo de bebida aumentou, muito especialmente o de vinho, 30%, e parte disso deve permanecer."

Atualmente, no Carrefour, segundo Prioux antes de partir, nos produtos não alimentares as compras pela internet já representam 34% do total. Já os alimentos, apenas 6%.

Ele falou também sobre a tragédia de 2020. "Realmente foi uma tragédia um homem negro ter sido morto por seguranças contratados em uma das lojas do Carrefour de Porto Alegre. Assumimos nossa responsabilidade. Não podemos mais aceitar situações desse tipo. A primeira providência foi ajudar as famílias, fazer tudo o que fosse possível. Decidimos mudar por completo nosso sistema de segurança. Não queremos mais segurança, queremos pessoas ajudando e orientando pessoas. Assim, encerramos a terceirização e desde setembro a segurança do Carrefour passou a ser feita pelo Carrefour, com equipe própria, com exceção dos estacionamentos, onde somos proibidos por lei de cuidar da segurança. Desde então só recrutamos pessoas para nossa segurança capazes de dialogar com o cliente, que não se estressem diante de qualquer situação, e ajam com tranquilidade, agressividade zero, mesmo diante de um furto."

Assim, fez e foi, em sua permanência vitoriosa como negócio em nosso país e trágica por dois acidentes de percurso, Noël Prioux. Determinados erros ou acidentes de percurso são inaceitáveis.

DOIS GIGANTES, BERÇOS SEMELHANTES

Pequenas farmácias de manipulação. Uma na Oscar Freire. Outra "numa portinha" como revela seu portal, "numa rua secundária da cidade de Curitiba". Hoje, duas referências mundiais. Benchmarks obrigatórios para todos os *players* do negócio da beleza. Se em todos os setores de atividades tivéssemos Boticários e Naturas seríamos outro Brasil. Melhor, muito melhor! Mas hoje vamos conversar sobre O Boticário.

Em 2021, O Boticário deu mais uma demonstração de adotar e praticar um marketing de excepcional qualidade, abrindo sua Loja Conceito ou Flagship dentro dos códigos do *branding* na cidade de São Paulo.

É curioso que os dois gigantes brasileiros tenham origem semelhante: a partir de uma botica, uma pequena farmácia de manipulação. A Natura, na Rua Oscar Freire em São Paulo, e O Boticário, nas palavras da própria empresa, "Em 1977, o farmacêutico Miguel Krigsner se instalou em uma portinha, numa rua secundária de Curitiba, cidade do Sul do Brasil. Chamou a farmácia de manipulação de O Boticário"...!

Salta para o dia 12 de novembro de 2020, 43 anos depois, em meio à pandemia.

Referindo-se à primeira *flagship* na cidade de Curitiba, O Boticário se instala na Rua dos Pinheiros, na cidade de São Paulo, a segunda unidade de seu Boticário Lab.

No ano de 1990, o Brasil ganhou um dos Códigos de Defesa do Consumidor mais radical de todo o mundo. As empresas ficaram assustadas com a avalanche de manifestações de seus clientes. Passado o susto inicial, descobriram que era o início de um relacionamento espetacular. Que ao instituir o Código, o legislador forneceu o melhor laboratório de pesquisa e desenvolvimento que qualquer empresa poderia ambicionar.

A relação permanente, com contribuições genuínas e verdadeiras decorrentes da prática, de milhões de clientes que se relacionam intensamente com seus produtos e marcas.

Ao instalar seu Boticário Lab em São Paulo, da mesma maneira como fez em Curitiba, tudo o que O Boticário quer é intensificar ao máximo seu relacionamento com os clientes e buscar, nos clientes, a quase totalidade das inovações que precisa para permanecer vivo e esbanjando saúde.

O atrativo do Boticário Lab é o cliente poder desenvolver seu próprio perfume. Um perfume exclusivo, sob sua escolha e comando, a partir de 1.800 combinações de aromas possíveis. Esse espaço, dentro do Boticário Lab, é uma espécie de Scent Lab, laboratório de aromas.

Mas a nova unidade do Boticário na Rua dos Pinheiros, além do Scent Lab, é um salão de beleza completo para mulheres e homens.

É isso, amigos. Temos dois gigantes globais pela qualidade do que fazem, e *benchmarks* obrigatórios em que se converteram.

Hoje, Boticário e Natura, repetimos, e com total merecimento, são duas das melhores referências globais no processo de construção, fortalecimento e sedimentação de marcas de excepcional qualidade.

Nasceram aqui, cresceram aqui, encantam o mundo e atormentam os concorrentes. Mais que fizeram por merecer.

CHANEL 5, 100 ANOS DEPOIS

Quanto dura um produto? Depende exclusivamente da sensibilidade e competência de seus gestores em preservá-lo vivo, pela qualidade recorrente de sua Branding Police. Apenas isso. Por exemplo, Chanel 5.

Se competentes e felizes nos caminhos escolhidos, em tese, produtos e marcas não morrem jamais. Mas um dia acabam morrendo porque ser competente e feliz nos caminhos escolhidos sempre e todas as vezes é – o mundo tem demonstrado – uma impossibilidade absoluta. Mais cedo ou mais tarde um erro será cometido. Mas, enquanto isso... Até agora, a sensibilidade e competência tem garantido ao perfume Chanel 5 vida plena e próspera.

Tudo começou no ano de 1920. Coco Chanel, Gabrielle Chanel – 1883/1971 – acreditava não existir melhores setas e indicadores de direção que cheiros. Dizia, "Pelo cheiro um corpo se comunica com o outro". E assim, um dia pediu uma reunião com o mais renomado perfumista da época, Ernest Beaux, para conversar e passar um "briefing" sobre um perfume em que sonhava batizar com sua marca Chanel.

Ernest Beaux tinha seu laboratório na pequena cidade de Grasse, na Riviera Francesa, cidade mais conhecida como a Capital dos Perfumes na França, menos de 50 mil habitantes hoje, e onde um dia, além de Ernest Beaux, pontificaram e perfumaram a vida e o mundo outros mestres da perfumaria, como Fragonard e Galimard.

Depois de um brinde com Absinto, Chanel disse a Beaux que não fazia mais sentido todos os perfumes terem exclusivamente uma única flor como referência e matéria-prima, como se todas as mulheres fossem a mesma, única e uma. Queria um *assemblage* de flores.

Meses depois, um novo encontro e Beaux apresentou a Chanel 8 alternativas. As primeiras quatro foram rejeitadas. Na quinta, Chanel disse, "Voilà!" Pode descartar as outras. E assim, desde então, todas as novas coleções da *fashion designer* passaram a ser apresentadas nos dias 5, em meio a uma nuvem comedida e pontual do perfume Chanel 5.

40 anos depois, em entrevista para Georges Belmont, editor da revista *Marie Claire*, e perguntada sobre o que usava para dormir, Marilyn Monroe respondeu: "Perguntam o que uso para dormir? A parte de cima do pijama? A de baixo? Uma camisola? Eu respondo Chanel 5, porque é verdade. Acho que não preciso dizer que durmo nua"...

Era o que faltava para a decolagem espetacular do Chanel 5. Um dos primeiros casos de escalabilidade pré-digital! Jamais a Chanel descuidou-se do perfume que emprestou dimensão e significado a sua marca.

Pontuando sua presença nos principais eventos do último século.

E para não deixar a bola jamais cair, ano após ano recorreu ao testemunho de mulheres lindas e poderosas: Catherine Deneuve, Gisele Bündchen, Nicole Kidman, e nesse centenário, Marion Cotillard...

E quando completou 80 anos, a embalagem ficou sob a responsabilidade de Andy Warhol. Quando Chanel 5 mergulhará no abismo e no esquecimento? Nunca, se a Chanel, respeitando a competência, energia e carisma de Coco Chanel, cuidar permanentemente de sua atualização e presença na cabeça e coração de todos! Apenas isso. E não poderia deixar de comentar a genial Coco Chanel sem recordar algumas de suas lições e ensinamentos. Escolhi 10!

1. "A moda passa. O estilo permanece."

2. "Vista-se mal e criticarão o vestido. Vista-se bem e todos os elogios irão para a mulher."

3. "A natureza é a responsável pelo rosto que uma mulher tem aos 20 anos. Nos 30 a responsabilidade é da vida que tem e leva. A partir dos 50 é você quem decide que rosto quer ter."

4. "Se não for confortável, não é luxo."

5. "Há pessoas que têm dinheiro e pessoas que são ricas."

6. "Não importa de onde você vem. Apenas o que você é."

7. "Toda mulher só precisa de duas coisas na vida. Um vestido preto e um homem que a ame."

8. "Não conheço nada mais corajoso que pensar com a própria cabeça."

9. "Não faz o menor sentido jogar-se fora uma roupa apenas porque a primavera chegou."

10. "Precisamos saber a hora certa de sair de cena. Por mais doloroso que isso seja."

TIROLEZ VEM DO TIROL OU VEM DE TIROS?

"Tirol é uma região histórica da parte ocidental da Europa Oriental carregada de histórias e tradições. Mas a marca Tirolez vem da cidade Tiros, em Minas Gerais, próximo de Patos. Nada a ver com Tirol."

Dizem os irmãos Tirolezes, "Meu pai ensinava a nós dois que tudo o que fizéssemos teria de ter como princípio ativo e molécula principal o carinho, o amor... Tudo que é feito com carinho e amor não precisa ser feito de novo"...

Tirolez. Sabe de onde vem a marca Tirolez? Enquanto seguimos contando tente adivinhar...

Apenas recordando e como nos revela hoje a "mãe dos burros" – no passado o pai dos burros era o dicionário, hoje o pai morreu e temos de recorrer à mãe, a Wikipédia: "Tirol é uma região histórica da parte ocidental da Europa Oriental"... E por aí vai. Já a marca Tirolez vem da cidade Tiros, de Minas Gerais, próximo de Patos. Nada a ver com Tirol"...

Numa briga entre garimpeiros e soldados da polícia, próximo ao Rio Abaeté, era só bala que voava cruzando o rio, que passou a ser chamado de Ribeirão dos Tiros, e toda a região acabou se convertendo num município autônomo, Santo Antônio dos Tiros.

Quem nasce em Tiros é Tirense e não Tirolez, mas com o sucesso da empresa, quem sabe... Agora, chegamos ao Tirolez.

Cícero e Carlos Hegg, 1979, decidem empreender. Começar um negócio novo no território dos laticínios. Compram a tradicional indústria de Laticínios Franco Ltda., da cidade de Tiros, que tinha seis funcionários e fabricava o "famosíssimo" produto da região, o queijo Mineirão!

Absolutamente conscientes de que é impossível fazer-se um queijo de ótima qualidade sem matéria-prima de qualidade, passaram a trabalhar em conjunto com todos os produtores da região. Nos primeiros anos, concentraram-se na produção de queijo e manteiga. Quase toda a produção era destinada à cidade de São Paulo.

Um dia, um amigo soprou aos irmãos, "Por que vocês não rebatizam a empresa com o *naming* Tirolez?", "Acabam com essa ideia e relação com o campo de futebol do Cruzeiro"... E assim aconteceu.

Anos depois, 1990, e já que Tirolez deu certo, a decisão de colocar a figura de um Tirolez no rótulo... Em verdade, não estavam mentindo, apenas materializando o que de certa forma a maioria de seus clientes relacionava com a marca Tirolez. Mais que deu certo... Mas, segundo a empresa, o maior ingrediente presente em todos os seus produtos é... o carinho com que são produzidos e está presente em toda a cadeia de valor.

Hoje a empresa exporta para Japão, Chile, Uruguai, Estados Unidos, Gana, Angola... Seis unidades de produção, 800 vendedores, 1.600 colaboradores. E em todas as entrevistas que concede, Cícero Hegg repete à exaustão o ensinamento que ele e Carlos receberam do pai...

Diz, "Meu pai ensinava a nós dois que tudo o que fizéssemos teria de ter como princípio ativo e molécula principal o carinho, o amor... Tudo que é feito com carinho e amor não precisa ser feito de novo. Uma espécie de produtividade humanizada e que adotamos até hoje. Em nosso entendimento, empreender é o equilíbrio entre os números positivos do balanço e das relações entre as pessoas que constroem a qualidade percebida em nossos produtos"...

10! Perfeito. Absolutamente nada a acrescentar!

LIÇÃO ELEMENTAR DE *BRANDING*

Jamais escolha para marca de seus produtos e serviços, muito especialmente para a sua empresa, uma palavra, por mais memorável, engraçada, impactante que seja, que tenha conotação negativa.

O castigo virá em dobro. A vítima será seu produto, serviço, empresa.

São marcas que pegam fácil, no dia seguinte todos já estão sabendo e ninguém esquece, mas carregam um sentindo que causará contrariedades, arrependimentos e, muitas vezes, inviabilizando um negócio.

Isso posto, jamais, em hipótese alguma, brinque com seu *naming*, a vítima inexoravelmente será sua empresa.

Comentei com vocês, anos atrás e nesta franquia "Marketing Trends" sobre dois filhos de um mesmo casal. Dois homens. A um foi dado o nome de Douglas, e ao outro, Orofonzio. Douglas é um médico bem-sucedido, Orofonzio era motorista de táxi, ridicularizado o tempo todo, e que acabou morrendo na pandemia.

Neste momento todos os aplausos, matérias e celebrações para um marketplace de usados. E que decidiu batizar-se de Enjoei. Na mosca! Traduz exatamente a sua proposta – venda de usados – e encantou mercado e investidores. Em pouco tempo conseguiu 614 mil vendedores ativos e 660 mil compradores ativos (boa parte dos vendedores também vira comprador), ações valorizando-se e subindo, e hoje, pelas cotações da semana passada, valendo R$ 3 bi.

Mas chama-se Enjoei... E remete a enjoo, saturação, cansaço, eventualmente, náuseas... Não vai dar certo. Se conseguir se preservar, como negócio, o mais rápido possível deveria corrigir seu nome.

Não se trata de um bom lastro. É uma âncora pesada e mais que desproporcional e que, mais cedo ou mais tarde, levará todo o navio para o fundo. Muitos anos antes do que se espera, os atuais frequentadores e compradores do Enjoei, enjoarão...

Lembram-se do movimento de triste memória "Cansei..."?

5

DESAFIOS, AMEAÇAS, OPORTUNIDADES

2020, O ANO DOS ADIAMENTOS. Tudo o que podia e o que não podia também foi adiado; algumas coisas, canceladas. Viagens, férias, festas, *shows*, operações seletivas. E em nome de Deus – o futuro a Deus pertence – falou-se as maiores barbaridades. Em meio ao desespero todos profetizaram...

O Brasil, naturalmente, criou uma espécie de sistema CLAUSURA em seu ambiente corporativo. Quem está dentro não consegue sair e quem está fora não tem a menor vontade de entrar. E a vazante nos imóveis para escritórios e empresas tomou conta da paisagem.

Segundo o psicólogo ADAM GRANT quase todos, na pandemia, foram atacados pela *languishing*. E a constatação de que restaurante a distância é uma impossibilidade absoluta. Comida, sim, restaurante é só presencial. É espaço, emoção, alegria, comida e felicidade.

E na pandemia todos redescobrindo as vitaminas. E os laboratórios farmacêuticos, que nunca revelaram muito apreço, correram para colocar as vitaminas em seus portfólios. E por causa da pandemia, uma das mais prósperas NOVAS EMPRESAS, o AIRBNB, enfrentou sua primeira e grave crise, tendo de recorrer ao cruel serrote...

Cortes em todos os sentidos e direções...

2020, O ANO EM QUE QUASE TUDO FOI ADIADO

Em razão da pandemia, tudo o que não era mortal e definitivamente inadiável foi adiado, transferido, postergado, e muitos desses adiamentos resultaram em tragédias e mortes, outros demonstraram que os procedimentos eram desnecessários. Nessa situação, prevaleceu a sorte da não realização.

Duas grandes pesquisas em diferentes partes do mundo traduzem o maluco ano de 2020 no tocante aos procedimentos regulares da saúde – pacientes, médicos e demais agentes da saúde. Uma pesquisa do Instituto Kantar e outra da agência McCann Erickson. As duas convergem para a revelação de fotografias semelhantes.

Dentre os países no quesito desmarcação de consultas, o Brasil aparece tranquilo na primeira colocação, 64%. Isso mesmo, de cada três consultas nos primeiros oito meses da pandemia, duas foram canceladas. Na outra ponta da tabela ou do comportamento, o Japão – apenas 12% das consultas desmarcadas, ou seja, em cada 10, pouco mais de uma foi desmarcada.

Na maior parte das situações, 55% das demarcações foram por iniciativa dos médicos. Ou porque o médico mergulhou em quarentena, ou porque não existia gravidade, tratava-se de consulta de rotina e o médico decidiu que a consulta fosse deixada para um melhor momento.

Algumas pessoas que não passavam um único ano sem fazer *checkup*, reconsideraram. Assim, de cada 10 que faziam regularmente todos os anos, quatro deixaram de fazer. Nesse comportamento específico os Estados Unidos foram o campeão dos cancelamentos. Já os brasileiros são mais fiéis ou dependentes de *checkups*, e apenas 17 em cada 100 preferiram adiar. Exames convencionais de laboratórios, tipo sangue, em todo o mundo, alcançaram um índice de cancelamento de 23%. No Brasil, 28%.

Os sintomas de depressão cresceram em todos os países. Saltando na média de 37% para 48%. Nesse comportamento o Brasil divide a liderança de mais pessoas com sintomas de depressão com a Itália e a Espanha – um crescimento médio de 60%. Já especificamente em relação aos médicos, a pesquisa onde a McCann procurou concentrar-se, 66% de todos eles têm problemas com o sono – 72% no Brasil e 82% na China.

Metade dos médicos no mundo inteiro revelou ter problemas no casamento. Na primeira colocação os médicos da Alemanha, com 73%, seguidos pelos dos Estados Unidos, com 65%. E quase todos os médicos, de forma contundente e consistente, manifestaram seu desespero diante da impossibilidade de se preservarem atualizados, tão grande a quantidade de informações disponíveis e as milhares de novas que são tornadas acessíveis todos os dias em diferentes fontes.

E o novo grande drama, talvez a mais importante conclusão da pesquisa, conforme manifestação dos médicos, e depois confirmada junto aos pacientes: hoje o diagnóstico é disputado cabeça a cabeça, médicos e pacientes. E os pacientes estão convencidos de que sabem mais que seus médicos. O ideal seria que as duas partes reconhecessem suas limitações, em benefício da cura. Somassem na busca de um melhor e mais preciso diagnóstico. Nós, pacientes, que sentimos as dores e os sintomas, mas temos dificuldade absurda de comunicar com precisão, e os médicos que têm, em tese, o conhecimento. Impossível, assim, chegar-se a um diagnóstico de melhor qualidade sem a colaboração, empatia e compaixão recíproca entre as duas partes. Bons médicos, bons pacientes.

É isso, amigos. Todos se prepararam para a volta ao que sobrou da velha normalidade com coragem, energia, determinação e muita sensibilidade, para todas as surpresas com que nos defrontaremos, muito provavelmente, e já a partir de...

O FUTURO A DEUS PERTENCE...

Lembram-se dessa frase? "O futuro a Deus pertence"?

Valia tanto para os crentes como para os agnósticos. A partir de determinado ponto, diante das pessoas, empresas, organizações terem esgotado todas as possibilidades, crentes entregam a Deus e os agnósticos à sorte e à fortuna. E aí veio a pandemia. Superado o pior momento, todos os dias em todas as publicações supostos especialistas se sentem à vontade para dizer como será o futuro.

Sobre alguns comportamentos e manifestações é possível formular-se hipóteses. Sobre todos os demais, especulações precárias, pretensiosas, arrogantes, e acima de tudo, burras. Que ninguém conclua o que quer que seja por enquanto.

Todos os novos comportamentos e manifestações decorrentes da crise precisarão de um ou dois anos para conferirmos se vieram pra ficar ou são apenas resíduos que o tempo elimina. Só depois de superada definitivamente a crise para comprovarem-se suas eventuais e possíveis consistências. Se vieram para ficar ou foram apenas brisas de verão, ou soluços de uma cruel pandemia.

Mas desocupados de todo o gênero desenvolvem as teorias mais irrelevantes possíveis, desprovidas de qualquer grau de consistência. Tipo, por decorrência do que afirmam com a convicção dos medíocres, a morte dos carrinhos de supermercados...

Nos últimos meses li as tais das Novas Certezas sobre tudo e todos. Coisas do tipo, "Novos produtos sem toque é o must daqui para frente...". Meu Deus, tudo o que queremos e fazemos naturalmente é tocar, pegar nas coisas, nas pessoas, na vida, e agora teremos de comprar todos os produtos apenas olhando: de perto e de longe? Ou "Provadores virtuais". Socorro! Simulação de provadores no digital, um horror, mas, OK.

Nas lojas, qual é o sentido de se ir até lá se não for possível tocar o produto, provar o sapato ou o vestido, sentir o cheiro do perfume... Nessa linha patética de raciocínio, muito brevemente essas mesmas pessoas que preveem e advogam essa estupidez nos recomendarão visitar os restaurantes apenas para olhar as comidas e irmos aos supermercados só para matar a saudade dos tempos em que víamos, mas podíamos pegar e colocar no carrinho, os produtos das gôndolas.

"O fim dos carrinhos!" Ou, e ainda, que "Lojas vão se converter em minicentros ou terminais de distribuição". Esquecem, provisoriamente, diante da fragilidade dos Correios, que as lojas aproveitam algum espaço vazio para quebrar esse galho, mas quem comprar a distância vai querer receber seus produtos em casa, e quem comprar presencialmente, compra e leva consigo na sacola ou sacos, ou recebe em casa dias depois como ocorre na compra de geladeira, fogão, televisores e assemelhados. Loja é loja, terminais de entrega são serviços completamente diferentes e antagônicos.

Ou "agora as pessoas vão trabalhar nas lojas...", parece que não ouvi ou li direito... É isso mesmo, está em matéria no *Estadão*: "Além de oferecer a oportunidade para o consumidor experimentar produtos, a loja física também pode ser um local para o cliente ter acesso a serviços, como conserto de bicicleta ou espaço de trabalho com internet ultrarrápida disponível"... Talvez fosse melhor trabalhar nas árvores, nos galhos mais altos... E de lá se atirar, matando-se, por uma vida tão inútil e absurda...

Sem comentários. Pior que a pandemia da covid-19 é a pandemia de estultices e ignorância para a qual nem existe e nada se faz para uma vacina urgente. Para ontem.

O SISTEMA É CLAUSURA

O ambiente econômico em nosso país, muito mais que inóspito, é estúpido, patético, diabólico, boçal.

Décadas atrás Billy Blanco compôs a música "Piston de Gafieira". Que traduz com incomum precisão o momento que vivemos no ambiente dos negócios. Vivemos o que acontece na música de Billy Blanco, quando o pau começa a comer:

"A porta fecha enquanto dura o vai-não-vai. Quem está fora não entra, quem está dentro não sai".

Os custos financeiros de tempo, de burocracia, de taxas e impostos, de nervos, de sofrimento, são de tal ordem que só um idiota alucinado arrisca empreender no Brasil. Ou seja, como na música de Billy Blanco, "Quem está fora não entra".

E por que se chegou a essa situação? Porque o Brasil tem um Estado monumental. De longe o maior do mundo. E que não para de crescer. A cada novo mês precisa de mais ração – leia-se: dinheiro – e as vaquinhas leiteiras, empresas privadas e pessoas físicas, nós, vamos sendo esfolados ano após ano. Muitos dirão: Mas Madia, os impostos de pessoa física não aumentam há muitos anos. Sim, aumentam. Todos os anos.

E qual é o truque a que o monstro Estado recorre? O de não corrigir a tabela – que é seu dever e obrigação – como deveria ter feito nos últimos 27 anos. Assim, a defasagem na tabela do IR de pessoa física é de 113,09%. Desde 1 de janeiro de 1996 a tabela não é atualizada. Na medida em que não é corrigida, em termos práticos significa que está sendo aumentada. Em 113,09%! Em duas décadas e independentemente da faixa de nossos rendimentos, pagamos hoje mais do dobro do que pagávamos há 20 anos.

Durante a campanha presidencial o messias disse que iria ampliar a faixa de isenção do Imposto de Renda das pessoas físicas. E corrigir uma parte desse absurdo. Nem vai ampliar nem vai corrigir o que quer que seja. O rombo nas contas públicas – leia-se Estado – que não parava de crescer, com a pandemia escalou e o buraco que já era grande agora é descomunal. Ou seja, se alguém ainda pretende empreender e continuar morando no Brasil, é recomendável empreender nos países vizinhos, muito especialmente no Paraguai.

Todo esse comentário sobre a primeira parte do verso do Billy Blanco, "Quem está fora não entra". Ou, se tiver juízo, jamais deveria entrar. E agora, o "Quem está dentro não sai". Não sai, não porque não tenha essa possibilidade. É porque para encerrar qualquer atividade por aqui é tão difícil e caro quanto para abrir e começar.

Ocupando todas as manchetes meses atrás o encerramento de atividades de mais uma montadora. A FORD, que deixava o Brasil depois de mais de 100 anos. Assim, e nos primeiros dias, como era natural, toda a preocupação com os funcionários da empresa em suas fábricas que perderam o emprego e ainda vão discutir os valores de suas dispensas. Na sequência a imprensa e as pessoas descobrem que montadoras têm rede de revendedoras. A FORD, por exemplo, tem 285 no Brasil, e pela legislação vigente, a chamada Lei Renato Ferrari, a menos que a FORD se declare falida, terá de indenizar todas as revendedoras. Pela Lei Renato Ferrari, cada uma das revendedoras tem direito a uma indenização correspondente a um determinado percentual sobre o faturamento anual de cada revenda e um valor adicional para cada cinco anos de contrato.

É isso, amigos. Quem está fora não entra, a menos que seja maluco de pedra, e quem está dentro não consegue saltar fora. Enquanto não recriarmos – não adianta reformar o tal do Estado brasileiro – a maneira de regular e organizar nosso mercado, chances zero de construir-se qualquer Brasil com um mínimo de atratividade para empresários e empresas de qualidade.

Chegamos ao fundo do poço e ainda queremos, insistentemente, ao recusar e negar a realidade, mergulhar mais fundo ainda.

A VAZANTE

Centro Velho, Paulista, Faria Lima, Berrini, Nova Faria Lima... O ciclo chegou ao fim. A pandemia apenas acelerou a chegada da crise mais que anunciada. Milhares de imóveis corporativos abandonados pela mudança na forma de trabalhar das empresas e pelos profissionais empreendedores trabalhando de casa ou em espaços compartilhados próximos. Se Euclides da Cunha disse que "O sertão vai virar mar", muitos prédios corporativos vão virar hortas.

Conforme previsto, a devolução de escritórios na cidade de São Paulo ganha proporções descomunais. E segundo os especialistas, estamos bem distantes do pico das devoluções, que deverá acontecer a partir do primeiro semestre de 2023, com o avanço da 5ª vacinação, as diferentes tentativas de retomada das empresas sobreviventes e o inventário final das que fecharam as portas para sempre. Mesmo assim, em dezenas de prédios onde moravam 20, 40 empresas, hoje há três ou quatro. Nos primeiros 18 meses de pandemia, o número de escritórios vazios dobrou e não existe nenhuma perspectiva de curto e médio prazo de que essa situação vá engatar uma ré e voltar ao que era.

A *sharing economy*, economia por compartilhamento, em processo crescente de construção, onde acabam os empregos e os profissionais convertem-se em empreendedores individuais, em microempresas, e que vinha se acelerando nos últimos 10 anos, agora escalou de vez.

De acordo com a JLL, empresa especializada em imóveis, o mapa da vacância para escritórios na cidade de São Paulo meses atrás já tinha os seguintes números: Imóveis na Marginal, 55% de vacância; de cada 20, 11 desocupados. Imóveis na Chácara Santo Antônio, 42% de vacância. Na Berrini, 29%. Em Alphaville, 27%. Na Paulista, 13%. Na Faria Lima, 10%.

Na Avenida Angélica, onde a vacância há dois anos era de 18%, há um mês aproximava-se de forma acelerada de 50%. Todos os dias caminhões de mudança passaram a integrar a paisagem da rua...

Segundo matéria de capa do caderno de economia do *Estadão* de meses atrás: "A onda de devoluções é generalizada. Inclui grupos tradicionais – como Latam, Itaú, Banco do Brasil – e se espalha em efeito cascata por todos os negócios de médio e pequeno porte"... Hoje, não são raras as situações que diante da devolução do imóvel, alguns proprietários pedem aos locatários que permaneçam mediante exclusivamente o pagamento do IPTU e do condomínio, com aluguel zero...

Quem imaginou que a combinação da pandemia com o *home office* compulsório levasse a essa situação? Por outro lado, e mesmo assim, algumas empresas continuam fazendo o que se poderia intitular de apostas arriscadas.

Às vésperas da maior crise do mercado de imóveis corporativos na cidade de São Paulo, um grupo de instituições financeiras formado pelo BTG Pactual, Safra e a Kinea, gestora de *private equity* do Itaú, comprou meses atrás duas torres do Rochaverá, empreendimento corporativo "triple A". Pagou a bagatela de R$1.255 bi.

A aposta realizada pelos três grupos investidores não se refere a uma forte e consistente recuperação do mercado de imóveis para diferentes tipos de empresa. É a convicção de que, mesmo com uma queda expressiva na ocupação desse tipo de imóvel, e como são poucos os imóveis "triple A", o Rochaverá muito brevemente será uma raridade, e, por essa razão, diferentemente do que acontecerá com outros imóveis, a tendência é de valorização. Por enquanto é apenas uma tese a ser considerada, mas de elevado risco.

Assim, amigos, a avalanche de incorporações dos anos 2000 e 2010 destinada a pessoas jurídicas de todos os portes e dimensões chegou ao fim. Conviveremos, durante esta década, nas grandes cidades do Brasil, muito especialmente São Paulo, com centenas de prédios corporativos literalmente às moscas; praticamente abandonados.

Muitos deles convertendo-se em hortas urbanas... alface, chuchu, berinjela, brócolis...

LANGUISHING

Languishing é a denominação que o psicólogo Adam Grant deu ao que muitos de nós estamos sentindo, ou começando a sentir. Adam

Grant é psicólogo organizacional, durante sete anos o professor melhor avaliado da Wharton University, com diversos livros de sucesso, traduzido em 35 línguas.

Segundo Adam, caminhamos em direção à languidez, ao abatimento e definhando. Claro, em decorrência da pandemia e de tudo o que já causou.

Em artigo publicado no *The New York Times*, Adam descreve como chegou à conclusão do *languishing* e que todos estamos começando a definhar...

Disse, "No início, não reconheci os sintomas que eram cada vez mais comuns nas pessoas de meu relacionamento. Amigos repetiam as dificuldades crescentes em se concentrarem. Mesmo diante da perspectiva da vacina muitos se revelavam pessimistas em relação aos anos seguintes. Um parente meu permanecia acordado assistindo de forma recorrente o filme "A Lenda do Tesouro Perdido"... E eu que pulava da cama antes das 6 horas passei a permanecer deitado até às 7 horas trocando posts com amigos... Não se tratava de esgotamento. Apenas sentíamos falta de energia. Também não era depressão e nem impotência"...

Apenas ausência de alegria e de objetivos. Descobri-nos *languishing*... Definhando... Perda gradativa, recorrente e crescente de energia... Um híbrido de estagnação e vazio. A sensação de um arrastar-se pelos dias, vendo sua vida passar através de uma janela embaçada. Assim, dizia ele naquele momento, "acredito que o *languish*, o definhar, poderá ser a emoção predominante daqui para frente".

E explicava, "À medida que a pandemia se arrastou, o estado agudo de angústia deu lugar a uma espécie de abatimento crônico. Na psicologia tratamos os diferentes estágios em termos de saúde mental como algum ponto entre a depressão e o florescimento. O florescimento é o apogeu do bem-estar – temos um forte sentimento de significado, domínio e importância para os outros. Já a depressão é o vale do mal-estar: sentimo-nos pesados, esgotados, inúteis... Assim o definhamento é um ponto intermediário. Uma espécie de vazio entre a depressão e o florescimento"...

E qual a solução diante do *languishing*, do definhamento? Segundo Grant e outros psicólogos, uma vez concluído o diagnóstico, a solução é uma palavrinha de quatro letras, Flux!

Diz Grant o que é o Flux, o Fluxo. "Fluxo é deixar-se absorver por um desafio importante e fluir; uma ligação ainda que momentânea por uma causa ou propósito... Pessoas que mergulham mais fundo em seus projetos conseguem prevenir-se do definhamento e preservam, na maior parte, a felicidade pré-pandemia." Ingressar, mergulhar e permanecer no fluxo, e se possível, sempre!

É isso, amigos. Não sabemos de verdade e em termos de saúde o que nos aguarda, mas sabemos que o importante é não parar, seguir e não nos deixarmos cair na languidez, no fraquejar, amolecer, afrouxar... E Adam Grant conclui seu diagnóstico, com o qual concordo integralmente e é o que tenho procurado fazer todos os dias dos últimos 24 meses: que "O *languishing*, o definhamento não se encontra apenas em nossa cabeça, mas se faz presente também nos ambientes que frequentamos e vivemos, em nossas circunstâncias".

E finaliza, "Você é incapaz de curar uma cultura doente com ataduras pessoais".

Ou seja, e sempre, enquanto o ambiente ao seu redor não evolui, recupera-se e em algum momento volta a ser menos tóxico, permaneça Flux, concentrando-se em seus desafios pessoais e específicos...

É o que todos devemos fazer nos próximos meses, quem sabe, pelos próximos dois ou três anos.

ABRAÇOS A DISTÂNCIA?

O festival de tolices que invadiu o ambiente corporativo – mundo e especialmente Brasil –, com pessoas apostando que daqui para frente, como cantavam Roberto e Erasmo, tudo vai ser diferente, e que a distância prevalecerá.

Esqueçam; *fake news* tosca. A música dos Carlos, Roberto e Erasmo, tá certa! Daqui para frente, e passado esse pesadelo da pandemia, "tudo será diferente". Vamos reaprender a ser gente...

Trabalhar próximos, juntos, decodificando olhares, gestos, sentimentos, pausas, expressões, não apenas através de uma telinha gelada que não comunica nada e ainda causa cegueira. Que revela, mal e parcamente, como somos, pescoço pra cima. "Mané, você desligou o botão do som...". Lembra? Pessoa de verdade, cabeça, tronco e membros. Coração e mentes. Olhos e mãos. Corpo. Vida. Ao vivo, LIVE! Presencial!

Fogo é fricção, atrito. Inovação e luz eclodem no conflito. Contrapontos, discordâncias presenciais, sempre! Trabalho em equipe coletivo. Juntos! Pessoas têm propósito; equipes, missões. Propósito se cultiva e pesquisa a distância. Talvez. Missão cumpre-se presencialmente, coletivamente, de mãos dadas, gritos de guerra e sob intensa emoção.

Pergunte às pessoas que vinham trabalhando assim antes da pandemia o que acham, o quão são tristes e se sentem ignorados? Você já conversou com um faroleiro? Isso mesmo, aqueles solitários que passam a vida morando num farol no meio do mar... Ou com o porteiro da noite de seu prédio, guarda-noturno, zelador de cemitério... Tudo o que era possível ser feito a distância, diante da impossibilidade física ou econômica de se fazer pessoalmente, já vem funcionando dessa maneira há anos e décadas. A pandemia não mudou a essência do que quer que seja. Nem do trabalho, nem das pessoas, nem da vida.

Assim, e em partindo, todos correndo para o abraço. Tô com Érick Jacquin e não abro. Com a reabertura dos restaurantes, o tal do *delivery* de luxo tende a voltar em, no máximo, um mês, ao que sempre foi e era antes da pandemia. A zero!

Não existe restaurante a distância, não existe *delivery* para restaurante de verdade. Bobagem. Esqueçam. Assim como não existe educação a distância para crianças.

O sentimento geral dos chefes de cozinha é que tiveram de fechar os olhos e adotar as marmitas por sobrevivência. Perguntaram ao Érick Jacquin, chef consagrado, se pretende manter o *delivery* depois da pandemia. Quase voou na jugular do jornalista. Urrou, "Não! Chega! Isola! O momento é de resgatar o restaurante, um negócio verdadeiro e único. Tive prejuízos durante todo esse período e o delivery, cá entre nós, é a maior dor de cabeça. Quando a embalagem chega revirada ninguém liga para o aplicativo de entregas pra reclamar. Ligam para o Jacquin...". Além de assassinar verdadeiras obras de arte, delícias, prazeres... O tal do *delivery* é qualquer outra coisa, menos, restaurante.

O mundo levou séculos para criar o descanso do domingo. Outros 50 anos para muitos negócios, muito especialmente com o prevalecimento da sociedade de serviços, da tal da semana inglesa, semana de cinco dias. É isso. Quem sabe alguns negócios, depois de anos ou décadas, possam considerar algumas semanas de quatro dias por ano. Quem sabe a última do mês.

Repita comigo, por favor: Não existe trabalho a distância. Existem atividades que só podem ser realizadas a distância, e a tecnologia facilitou muito todas essas. Mas essas pessoas que não têm alternativa são, no mínimo, tristes. Parcela expressiva, depressivas. Alguns, no desespero, preferiram partir... Peço demissão e "tô fora" desse tipo de vida; vou procurar outras pessoas que têm a estranha mania de gostar de pessoas. Enquanto é tempo e a sandice não tomou conta do mundo.

Assim, todos correndo para o abraço, amanhã.

Ou você acredita ser possível, também, o abraço a distância?

A ERA E A HORA DAS VITAMINAS

Muitas pessoas descobriram o valor das vitaminas há mais de 50 anos, quando se entusiasmaram com as descobertas e afirmações de Linus Pauling e seu culto pela Vitamina C. Desde então, passaram a comprar um megacomposto vitamínico de uma empresa americana que se instalou por aqui, mas não deu certo, a GNC. E dentre essas pessoas, eu, Madia, mais que aderi às vitaminas e assim sigo com esse ritual diário.

E assim, desde os anos 1970, tomo todos os dias uma cápsula de um combinado de vitaminas, reforço com uma cápsula específica de vitamina C e complemento tudo com uma Aspirina 350 ml.

Se dá certo? Não tenho como responder a essa pergunta e muito menos garantir. Uma única pessoa não é amostra para nada, a não ser para a própria pessoa.

O único depoimento que posso dar sobre o acerto dessa "maluquice ou esquizofrenia" é que, em 42 anos do MadiaMundoMarketing, jamais faltei um único dia...

Mas veio a coronacrise e os brasileiros correram para as farmácias em busca de vitaminas.

Em entrevista ao *Valor*, João Adibe, da Cimed, fez a seguinte declaração, que era absolutamente impensável antes da covid-19:

"A demanda extrapolou muito nossa capacidade de produção. Não conseguimos produzir mais porque dependemos de insumos importados... Minha empresa, a Cimed, produzia antes da pandemia 1,8 milhão de unidades, e hoje, 3,5 milhões... Esse território sempre representou 15% do faturamento, e hoje, 25%, caminhando para 30%"...

Semelhante comportamento foi registrado em outra farmacêutica, a União Química, onde a venda de vitamínicos e polivitamínicos, até a metade de 2020, já registrava um crescimento da ordem de 25%.

Assim, e finalmente, os brasileiros descobrem a importância de se prevenirem e fortalecerem-se via vitaminas.

Linus Pauling, não só pelo que acontece no Brasil hoje, como em todo o mundo, deve estar comemorando.

A propósito, Linus Pauling, 28 de fevereiro de 1901-19 de agosto de 1994, de Portland, químico quântico e bioquímico dos Estados

Unidos, biólogo molecular, vencedor do Prêmio Nobel de Química no ano de 1954 e do Prêmio Nobel da Paz em 1962.

Portanto, os tempos da covid-19 são de muitos descobrirem as velhas e santificadas vitaminas.

Provavelmente, um dos mais seguros meios de prevenção de doenças.

NÃO FOI FÁCIL PARA NINGUÉM

Todos os dias, desde o final de maio de 2020, milhares de empresas em todo o mundo anunciam cortes em seu capital humano.

Umas cortam 10%, outras, 20%, outras 30%. Ou mais. De seu capital humano. Além das que fecham as portas, encerram as atividades, e não têm o quê e nem quem cortar.

Assim, e com raríssimas exceções, todas cortam. Em todos os sentidos e direções. E o sentimento é péssimo para os dois lados. Das empresas que despedem, e dos profissionais que são despedidos, e ainda uma terceira parte, os que sobrevivem, que têm consciência e angustiam-se porque poderão integrar as próximas listas se a situação não se reverter o mais rápido possível. É difícil todos entenderem que, desta vez, ninguém tem culpa.

Isso também aconteceu há mais de 500 anos, nos tempos dos navegadores. Chamava-se latitude dos cavalos. Os navios a vela eram equipados com tripulantes, abastecidos de água, mantimentos e cavalos, e lançavam-se mar adentro na esperança de novas e importantes descobertas. No meio do oceano os navios paravam. A tal da calmaria. Passava um dia, dois, 10, duas semanas e o pânico começava a bater. Mais duas semanas e sucediam-se as reuniões sobre que providências tomar. Invariavelmente, a decisão era lançar os cavalos ao mar. Procurando economizar ao máximo a alimentação e a água restante.

Lançados ao mar, os cavalos levavam horas, até mesmo dias para se afogarem. E não conseguiam dissimular a dor e o sofrimento.

Emitiam um som de lamento de dilacerar corações e mentes. Os marinheiros que testemunhavam essa cena passavam os anos seguintes acordando nas madrugadas pelos gritos dos cavalos permanentemente presentes em seus sonhos e recordações.

Estamos diante de uma tragédia. Apenas isso. Não se estão avaliando qualidades, competências, desempenhos. Vivemos uma espécie mais que dolorosa de latitude dos humanos. Apenas tendo de realizar cortes na tentativa desesperadora de preservar alguma coisa, e por onde, mais adiante, as empresas vão tentar algum tipo de recuperação.

Dentre as despedidas que alcançaram maior repercussão foi a do mega-unicórnio Airbnb, até ontem cantado em prosa e verso por seu espetacular sucesso, e que não para de sangrar. Coube a um dos fundadores comunicar a necessidade e a decisão.

O Airbnb nasceu de uma circunstância. No ano de 2008, quando três amigos precisavam ganhar um dinheirinho para pagar as contas, ofereceram para alugar o espaço disponível que tinham no apartamento que compartilhavam na cidade de San Francisco. Conseguiram, converteram a experiência num aplicativo que, 12 anos depois transformou-se numa das empresas mais prósperas e festejadas da nova economia. Os três amigos eram Brian Chesky, Nathan Blecharczyk e Joe Gebbia. Menos de 10 anos depois estava avaliada em mais de US$ 30 bilhões.

Coube a Brian Chesky dar a péssima notícia. Como vem acontecendo na maioria das empresas pelo fato das distâncias, e em decorrência da pandemia ter aumentado, a comunicação foi feita a todos, num mesmo momento, por vídeo. Chesky começou dizendo:

"Tenho profundo amor por vocês. Nosso trabalho preocupa-se em fazer com que as pessoas se sintam confortáveis num lugar adequado, e no centro de tudo isso encontra-se o amor"...

Em minutos, 25% do capital humano do Airbnb estava despedido: dois mil colaboradores. Quase todos os dois mil entenderam, ou disseram entender o que aconteceu. Duas dúzias, no entanto, não conseguiram dissimular suas decepções com o Airbnb. Kaspian Clark, 38 anos, que trabalhava numa área de suporte da empresa em Portland, em Oregon, não disfarçou sua decepção:

"Sinto-me, como outros companheiros, profundamente decepcionado e traído pela empresa. Espero que a Airbnb consiga ser um dia como eu sempre acreditei que fosse"...

Ou seja, amigos, em situações como a que vivemos com essa pandemia, só existem perdedores. E tudo é compreensível, desde que não aconteça comigo...

6

COISAS DO BRASIL

A agropecuária é importante para o Brasil. Muito, mas não tanto quanto se propaga. E sua participação relativa no PIB vem despencando. De 17,7% em 1960, para 4,4% em 2019. Em breve, não saberemos o que fazer com nossas terras. E o dia que um dos melhores negócios da GLOBO foi vendido. O dia em que a SOM LIVRE trocou de mãos depois de quase cinco décadas de domínio.

CASAS NAS ÁRVORES só em sonho e filmes para crianças. Mas alguns hotéis no Brasil oferecem essa possibilidade. Para os que querem se aventurar ao menos uma vez na vida. E GRUNGES e TIOZÕES celebram, a JHSF pensou neles e brevemente poderão praticar surf embaixo da PONTE ESTAIADA. Não existe natureza mais selvagem nem ar mais puro...

A mais perdida de todas as décadas, 2011/2020. Mais conhecida como FURACÃO PT ou EFEITO DILMA. Sem contar o assalto aos cofres públicos. À luz dos números, a pior década das últimas 20. E a SUVINIL recorreu ao "politicamente correto" ao rebatizar suas cores.

Os aprendizados e ensinamentos do presidente da MERCEDES, que foi embora, sobre nosso Brasil. E o exemplo comovente do PREFEITO DE JACOBINA.

AGROPECUÁRIA? SEM ILUSÕES!

Jamais poderemos negar e muito menos depreciar a importância da terra na vida de nosso país, mas sem exageros, sem perder de vista que mesmo sendo grande sua importância, seu peso no conjunto é bem menor do que as manchetes e discursos que os agentes econômicos repetem em suas falas de todos os dias.

Dentre os economistas brasileiros, Luís Eduardo Assis é um dos mais consistentes e que merece maior atenção e respeito pelos fundamentos e qualidade de suas manifestações. Foi diretor de política monetária do Banco Central, economista chefe do Citibank, HSBC e presidente da Fator Seguradora. Professor de economia da PUC e FGV.

Segundo Luís Eduardo Assis, todas as tendências, pela forma como o mundo evolui e como a tecnologia invade a agricultura e a terra, indicam que sua importância relativa caia e extensões gigantescas de terra revelem-se antieconômicas. Não estamos distantes de, em determinadas culturas, a cidade virar campo – com o prevalecimento das culturas verticais.

Em recente artigo no *Estadão*, traduzindo com incomum propriedade a importância relativa da lavoura em e para nosso país, Luís Eduardo Assis chama nós todos à realidade e à luz dos números. Vamos repassar alguns desses números agora...

Segundo os últimos dados oficiais disponíveis, do IBGE, a participação do setor agropecuário no PIB do Brasil em 2019 foi de 4,4%.

Com a evolução de todos os demais setores, essa participação, mais que cair, vem despencando. Há 60 anos, em 1960, essa participação era de 17,7%, portanto, reduziu-se quatro vezes!

Todos os países que deram um salto nesse período, que cresceram bem acima da média dos demais países, no início foi através do setor industrial, e mais recentemente, nos últimos 20 anos, através dos serviços.

Assis faz outra comparação da maior importância. Os cinco países onde a agropecuária tem maior participação no PIB registram uma renda *per capita* média da ordem de US$1.6 mil. Já nos cinco onde a agropecuária tem menor participação, a renda média é de US$80.242.

Conclusão, a agropecuária é tão mais importante quanto mais pobre for um país. E com a invasão da tecnologia na agropecuária, até mesmo uma de suas maiores virtudes, a da geração de empregos, vem despencando no decorrer dos anos.

Na última medição, oito milhões de brasileiros trabalhavam na agropecuária, 9,8% do total de trabalhadores, em processo de queda sistemática em todas as últimas décadas. Assim, amigos, sem grandes ilusões.

Vamos continuar agradecendo, homenageando e reverenciando a agropecuária do Brasil. Mas de forma sensível. Conscientes de que o futuro não necessariamente pode e deve ser, nem mesmo em nossas cabeças, ancorado nessa atividade.

AGRO é THE BEST, mas longe de ser tudo e de conseguir ser a redenção do Brasil. Com as conquistas tecnológicas e com os avanços dos aperfeiçoamentos e correções decorrentes da genética, muito rapidamente, até mesmo os países com pequena dimensão territorial terão, potencialmente, a possibilidade de se tornarem autossuficientes na agropecuária. Da mesma maneira que as novas fontes de energia vêm alertando os países produtores de petróleo de que os anos de ouro se aproximam do fim.

Ou seja, e repetindo, vamos continuar reverenciando a agropecuária, mas jamais colocar nosso futuro exclusivamente dependente de seus progressos e evoluções. Sob a luz de todos os números e análises, a importância relativa da agropecuária hoje para nosso país é bem menor do que já foi, e muito menor ainda do que muitos alardeiam.

Menos emoção, mais pragmatismo e melhores perspectivas futuras.

SOM LIVRE, QUANDO O SOM CHEGA AO FIM...

Talvez nunca as pessoas tenham ouvido mais músicas do que nos anos de pandemia. Mas aquela que se converteu na maior lançadora de sucessos do país durante quase cinco décadas, terminou como um negócio milionário e próspero. Agora, e nunca mais, próspero como foi até meses atrás.

No início a Globo recorria às gravadoras tradicionais para compor a trilha sonora de suas novelas. Isso durou poucos anos. Descobriu que tinha uma mina de ouro nas mãos. Que eram as novelas da Globo que pautavam o gosto musical da maioria dos brasileiros e não fazia mais sentido continuar recorrendo às demais gravadoras. E assim nasceu, um dia, no ano de 1969, a Som Livre.

Na página 259 do livro dele, Boni, o homem que mudou a história do Brasil, que reeditou quem somos nós, brasileiros, está escrito:

"No dia 1 de setembro de 1971, eu e minha família, o Tarcísio e a Glória, o Ibrahim Sued e o Luiz Borgerth [autor do livro do Boni] e alguns amigos, fomos participar da procissão marítima do Senhor dos Navegantes, em Salvador, a convite do Alberto Maluf e do David Raw da TV Aratu. Eram mais de mil barcos no mar e o dia estava lindo e ensolarado. Os barcos iam navegando e todos cantavam hinos religiosos, como o 'Queremos Deus'. Quando perceberam que o Tarcísio Meira estava em uma das embarcações, as pessoas do barco ao lado começaram a entoar a música da abertura de 'Irmãos Coragem' e a coisa foi passando de barco a barco. De repente, mais de três mil pessoas cantavam, no mar de Salvador, a uma só voz, 'Irmão, é preciso coragem'"...

Naquele momento, talvez nem mesmo o Boni tenha realizado a dimensão de sua obra. As novelas da Globo, além de pautarem as cores, as formas, o design, as roupas, o gosto dos brasileiros, passaram a orientar nossas preferências musicais. E assim, a Som Livre revelou-se uma mina de ouro monumental.

50 anos depois a realidade é completamente diferente e outra. O ouro música continua existindo e tão forte, importante e próspero como antes, só que agora as fontes e os caminhos são outros. Existe uma nova cadeia de valor... Em sua reinvenção, o Grupo Globo concluiu que a Som Livre, ainda que dê resultados, não tem mais nada a ver com o novo caminho escolhido.

E assim, meses atrás, fechou um acordo para vender a Som Livre para a Sony Music. Ao menos num primeiro momento a Sony não pretende incorporar a Som Livre. Vai manter como um centro autônomo de produção, seguindo sob o comando do CEO Marcelo Soares. No comunicado à imprensa, Jorge Nobrega, CEO da Globo, escreveu,

"Estamos muito felizes em ter encontrado na Sony uma nova casa para a Som Livre, um negócio que foi construído dentro da Globo e que sempre foi muito querido de todos nós. A Som Livre produziu e lançou músicas com a Globo por mais de meio século e foi um importante capítulo da história da Globo. Nós queríamos assegurar que esse acordo preservasse tudo o que a Som Livre representa para os brasileiros"...

Acho que o Jorge Nóbrega não entendeu. A Som Livre foi um importante capítulo da história recente do Brasil.

Amigos, nada é para sempre.

Irmãos, é preciso coragem.

CASAS NAS ÁRVORES

Nosso saudoso e querido amigo Zé Rodrix mais que queria uma Casa no Campo. Acredito que a maior parte de nós, também. Mas uma Casa na Árvore, quem quer? Numa de suas últimas apresentações, Zé, antes de partir, fez o show de conclusão de uma das turmas do Madia Marketing Master da Madia Marketing School. Dias depois foi me visitar, precisava falar comigo. Não disse nada, me deu um abraço e foi embora. Morreu dois dias depois. Veio se despedir...

Nos últimos 2 anos de reclusão devido à pandemia, quase tudo passou pela cabeça de quase todas as pessoas. A maioria, a certeza/ torcida para que a pandemia acabasse no dia seguinte de manhã. De preferência, bem cedinho... Para uma boa parte, a dor infinita do desconhecido. Para uma minoria no desespero, considerações sobre o abreviar a vida. Quase todos, sem exceção, no mínimo, sonharam. E o sentimento de alguma ou muita perda foi geral.

O sonho faz parte da condição humana. Como nos lembrou o maior dos poetas da língua portuguesa, Fernando Pessoa: "Matar o sonho é matarmo-nos. É mutilar a nossa alma. O sonho é o que temos de realmente nosso, de impenetravelmente e inexpugnavelmente nosso".

Também no mundo dos sonhos existe a tal da *long tail*, cauda longa. Pequenos prazeres ou delírios de poucas pessoas. E assim, na pandemia, para ocupar as páginas das publicações e o tempo de pessoas trabalhando de suas casas, a imprensa foi atrás de alguns desses sonhos. E descobriu que para algumas ou poucas pessoas, dentre sonhos e maluquices, "ter uma casa numa árvore" é uma das manifestações mais recorrentes.

A explicação tem várias componentes. Mas, e talvez a mais forte e recorrente, a possibilidade de morar acima do chão, mais próximo do céu. Um quase levitar. Assim, dentre as matérias inusitadas da pandemia, várias sobre casas nas árvores. E a descoberta de que existem arquitetos e construtoras especializados nessa possibilidade.

Fui conferir e achei no portal Tua Casa, e segundo o texto de Carolina Franco, "Confira 40 casas na árvore apaixonantes". E lá estão as 40 casas. E tem de tudo. Retangulares, quadradas, redondas, duplas, em formato de disco voador e muito mais.

Mergulhei um pouco mais fundo e descobri uma série de hotéis e pousadas que oferecem acomodações em casas nas árvores. No mar, Ubatuba; na montanha, Monte Verde; em lugares místicos, Alto Paraíso e muito mais. Qual é o sentido dessas supostas maluquices?! Em nosso entendimento, consultores da Madia, nenhum.

Mas alguns empresários do território da hospitalidade transformam essas maluquices em diferenciais de atração ou exclusividade. Muito especialmente voltados não para os frequentadores habituais, mas para hóspedes eventuais. Que querem realizar, ao menos por um dia, dias, semana, um sonho de criança, ou possibilitarem a suas crianças, durante um tempo, viverem o que assistiram em filmes na televisão.

Assim, lição e aprendizado, se você é dos que pretendem atrair pessoas em busca de emoção, aventuras e realização de sonhos estranhos e trabalha no território da hospitalidade, ter uma casa na árvore em seu hotel ou pousada é uma boa alternativa.

O inconveniente é que os que comprarem esse tipo de hospedagem vêm uma vez, matam a vontade e não voltam nunca mais. Sendo otimista, de cada 100, 1 volta uma vez.

Agora, se você é desse mesmo território da hospitalidade e quer conquistar e ter clientes para sempre, se esmere nos serviços básicos da hospitalidade. E que passam por conforto, limpeza, simpatia, acolhimento e entrega de felicidade...

De cada 100 pessoas, no mínimo 20 voltarão. Mais de uma vez...

TIOZÕES SURFISTAS NA MARGINAL PINHEIROS

Cringe é ser cafona. Sob a ótica da chamada geração G quando olham para os que os antecederam, os *millenials*. Ser *cringe* é gostar de tomar café, vestir calça *skinny*, saber tudo sobre Harry Porter e sentir imensa saudades de "Friends", dentre outros. Mais alguns anos, se o despautério se confirmar, surfar e tomar sol na Marginal Pinheiros, olhando para a Ponte Estaiada, também...

Não se fala de outra coisa. Dia após dia é a palavra mais pesquisada no Google. Em verdade, trata-sc da versão anos 2020 da expressão "boko-moko", criação magistral do saudoso Arapa, humorista e líder de criação da Almap e que decidiu aposentar a palavra "brega".

Era um comercial para o Guaraná Antarctica e Arapa decidiu criar um híbrido para um comportamento meio que idiota, entre bocó e mocorongo, nascendo o "boko-moko". Deu vida a sua criação em comerciais magnificamente interpretados pelo ator Roberto Marquis, e que acabou incorporado ao programa "A Praça é Nossa". Isso posto e explicado, esqueça todas essas bobagens. À medida que vivemos mais, o número de gerações, por data de nascimento, vai se multiplicando e espalhando pela Terra. E assim, hoje, já são oito gerações vivendo no mesmo espaço.

Em 2021, aos 92 anos, morreu um dos maiores mecenas e colecionadores de artes do Brasil, Ricardo Brennand. Levou consigo a saudade de uma tataraneta, ou seja, Ricardo conviveu durante alguns anos e fazia parte da primeira de oito gerações diferentes em sua família.

Quando se começou a discutir esse assunto, ou melhor, essa bobagem de catalogar as pessoas pela data do nascimento, a revista Fast Company saiu com um manifesto recomendando a todos que parassem com essa idiotice porque, de verdade, e independentemente da data de nascimento, existiam apenas duas gerações na Terra, não importa quantos mais 100 anos de vida venhamos a ganhar nos próximos séculos: a geração dos Flux e a dos Non Flux.

A Flux Generation é a dos que estão a fim, querem participar, mergulham de cabeça e coração em todas as novidades, olham para o futuro, exalam empatia em todos os seus movimentos, dotados que são de ótima inteligência social. A dos Non Flux é a dos cansados, independentemente de idade, que reclamam de tudo e não estão a fim nem de conhecer nem de fazer o que quer que seja. E que agora parecem ter descoberto uma incorporadora, querem praticar surf na Marginal Pinheiros...

Dois anos depois do manifesto da FAST COMPANY, a jornalista Gina Pell rebatizou a geração Flux. Todos os que fazem parte dela são os *perenialls*. E decidiu fotografar uma amostra representativa desses *fluxes*, dos *perennials*. E na foto revelada apareceram Lady Gaga e Tony Bennett – 34 e 94 anos, 60 de diferença naquele momento, os dois olhando para frente, empáticos, verdadeiros, devoradores insaciáveis de todas as novidades e muito mais.

Em contrapartida, o "espírito inovador" de algumas empresas não sossega. "Criatividade" infinita! Assim e agora, para a alegria dos "boko-mokos", grunges e tiozões em geral, a JHSF está lançando o surf na Marginal Pinheiros! Ooobbbbaaaaaa!!!!!!! Era tudo o que queriam. Barriga pra cima contemplando a Ponte Estaiada... Tomando Guaraná, ou, melhor ainda, Sukita!

Como ensinou Nelson Rodrigues, "Existem situações em que até os idiotas perdem a modéstia".

A VERDADEIRA DÉCADA PERDIDA

Muitas vezes, no correr dos últimos 100 anos, as publicações econômicas chamaram determinadas décadas de "Década Perdida". Claro, estavam se referindo ao desempenho do PIB numa determinada década, considerando-se o desempenho em décadas anteriores.

Assim, a década 1981/1990, dentre as tais das décadas perdidas, vinha pontuando no ranking. Com um crescimento na década de 16,9%, muito abaixo dos 128,8%, por exemplo, da década de 1971/1980. No final de 2020 não existia mais nenhuma dúvida.

A década que acabamos de encerrar (2011-2020) assume o posto de a mais perdida das décadas de todos os tempos, com pouquíssima chance de ser superada pelas próximas.

As esperanças de uma pequena, mas consistente recuperação era, nas comemorações do final do último ano da década, 2020; mas veio a corona crise e... fim de todas as esperanças.

A mais otimista das previsões, faltam os cálculos finais, registram um crescimento total na década de 1,9%.

Contra:

+ 51,4% – 1901/1910;

+ 51,5% – 1911/1920;

+ 55,65% – 1921/1930;

+ 53,6% – 1931/1940;
+ 77,3% – 1941/1950;
+ 103,9% – 1951/1960;
+ 82% – 1961/1970;
+ 128,8% – 1971/1980;
+ 16,9% – 1981/1990;
+ 29,4% – 1991/2000;
+ 43,6% – 2001/2010;
E, agora, atenção, + 1,9% – 2011/2020.

É isso, amigos, em nenhuma década anterior tivemos um crescimento abaixo de dois dígitos; agora, literalmente, afundamos. E é do fundo do poço que recomeçaremos...

Tomara que Paulo Guedes tenha razão ou um mínimo de fundamentos quando afirma, em todas as suas falas, e à exaustão, que... "O Brasil vai surpreender o mundo...".

Difícil, no entanto, acreditar-se que seus prognósticos se confirmarão! Mas não custa, para os de fé, não apenas acreditarem, mas rezarem também.

SUVINIL, EM NOME DO POLITICAMENTE CORRETO, DEU UMA GERAL

Em meio à pandemia e ao caos generalizado em que vivemos, a Suvinil fez uma devassa no *naming* de suas cores e mergulhou num ritual de rebatismos.

Em momentos de perda total de sensibilidade e lucidez, ao invés de tentarem passar a vida dando explicações, as empresas desistem e embarcam no politicamente correto.

Hoje, em todo o mundo, empresas passam um filtro radical em todas as suas marcas e manifestações, procurando eliminar eventuais, possíveis, e até mesmo improváveis resquícios de racismo e/ou discriminação.

Mergulhou de cabeça na chamada caça irracional aos supostos preconceitos. Líder do território de tintas em nosso país, a Suvinil decidiu rever marcas e titulagens, fazendo um rebatismo geral.

Assim, e nas denominações das cores de suas tintas, mudou:

"Cor da pele" virou "Fio de Rami";

"Flor da Pele" virou "Flor Lilás";

"Pele Delicada" – "Branco Quente";

"Pele de Veludo" – "Pêssego Pálido";

"Pele Macia" – "Quase Rosa";

"Pele de Pêssego" – "Rosa Laranja";

"Pele Mulata" – "Lambari Roxo;"

"Pele Bronzeada" – "Cogumelo Shitake";

E "Nude", que virou "Flor de cerejeira"...

Socorrooo!!! Sem comentários.

Se os nomes antigos raspavam no preconceito, os novos mergulham na mediocridade.

Explicando a mudança, Marcos Allemann, VP de Tintas Decorativas da Suvinil, disse, "A pluralidade de nossos consumidores exige de nós uma abordagem também plural e concluímos que alguns nomes não são adequados a esse conceito... A gente se sente mal em ter esses tipos de cores em nosso portfólio"...

Nada a acrescentar. Apenas patético!

LIÇÕES E APRENDIZADOS DO PRESIDENTE DA MERCEDES

Philipp Schiemer, presidente da Mercedes-Benz Brasil e América Latina, chegou ao Brasil para assumir o comando da empresa às vésperas da maior crise de todos os tempos da indústria automobilística. No ano de 2013. Nos dois anos seguintes o negócio todo de automóvcis, caminhões e ônibus em nosso país mergulhou em direção ao abismo. Em muitos momentos, nos anos de 2016 a 2017 a ociosidade nas fábricas chegou a bater nos 80%!

Depois de muito trabalho, Philipp retornou à Alemanha, onde, a partir do meio do ano, assumiu a chefia mundial de marketing, vendas e serviços ao cliente do negócio de ônibus da empresa. Assim, e ao retornar à base carregou consigo uma experiência extraordinária sobre nosso país, e consciente de que, seguramente, entender o Brasil é tarefa das mais difíceis, até mesmo para nós que aqui nascemos e vivemos.

Assim, e sempre que um presidente ou CEO de uma empresa retorna à matriz de seu país de origem, procuramos ler, ouvir e analisar suas entrevistas dos últimos meses no Brasil e enquanto vai arrumando as malas, passando informações de maior relevância para todos nós. Numa espécie de "Brasil sob a ótica de profissionais estrangeiros mais do que qualificados".

Separamos de algumas de suas entrevistas comentários que, em nosso entendimento, são da maior importância e aprendizado para todos. De como somos e como é nosso país, sob o olhar isento de um viajante ou morador temporário, ainda que por aqui tenha permanecido, no caso do presidente da Mercedes, 7 anos.

Sobre os desafios de uma empresa estar no Brasil – "É muito complicado produzir e vender no Brasil. Começa que é um país caro. Muito caro. A infraestrutura é um problema e acarreta custos adicionais. O sistema tributário, então, arcaico e não competitivo. O único país que conheço onde exporta impostos junto com seus produtos. Assim, só desvantagens do início ao fim do processo"...

Custo da incompetência e burocracia – "Talvez um exemplo ilustre melhor a situação patética do país. O frete de um produto da Índia para o Peru, para determinado produto, sai por US$ 900. O mesmo produto, do Brasil para o Peru, US$ 1,5 mil. E tudo agravado pela dimensão da burocracia que acarreta necessidades de mais tempo para fazer desde as coisas mais simples"...

Sobre o crescimento dos últimos dois anos – "Que ninguém se iluda. O crescimento, claro, é positivo. Mas, em verdade, mais que crescer, estamos saindo do buraco. Pela dimensão e potenciais do país, num ano normal de mercado, entre 150 a 200 mil caminhões deveriam ser vendidos. No ano retrasado esse número foi de 100 mil unidades. Mesmo melhorando bastante..."

Motivação para a renovação das frotas – "Até isso no Brasil é contrário ao que acontece em outros países. Nos outros, quanto mais velho o produto, mais impostos paga porque polui mais e danifica mais as estradas. No Brasil, quanto mais velho menos paga. Assim, chegamos lá: uma frota com uma idade média de 20 anos, contra os 6 anos de média na Europa."

O melhor do Brasil neste momento – "A infraestrutura ainda é um problema, mas é onde vemos mais avanços. Mesmo não totalmente perceptíveis, mas, de verdade, as estradas estão melhorando. O governo está investindo e o Ministério da Infraestrutura está conseguindo fazer grandes obras... Como por exemplo, o corredor que liga o Rio Grande do Sul ao Pará. A BR-163. Onde boa parte da safra é escoada e agora se encontra asfaltada. Uma viagem de cinco dias está se reduzindo à metade"...

O que leva do Brasil – "Mudar, depois de sete anos numa mesma posição, é relativamente normal dentro de uma grande empresa. De tudo o que levo, a experiência decorrente de um mercado absurdamente volátil, e que mais que qualifica um profissional. E o credencia a novos e maiores desafios."

Philipp Schiemer, despedindo-se da presidência da Mercedes-Benz Brasil, e a caminho da liderança mundial do marketing de ônibus da empresa. Está mais do que na hora de darmos um jeito em nosso país. Claro, assim que começar a baixar a poeira da coronacrise.

NOVA VELHINHA DE TAUBATÉ É O PREFEITO DE JACOBINA

Enquanto todas as empresas que conseguiram sobreviver sangram, procedem a cortes e reduções, despedem e tudo o mais. Enquanto milhões de brasileiros perderam o emprego. Enquanto milhões de empresas fecharam as portas, até meses atrás nenhum único funcionário público – executivo, legislativo, judiciário, Forças Armadas e demais, nenhum funcionário público, repetimos, viu seu salário reduzido em um único centavo e muito menos perdeu o emprego.

Ao contrário. Alguns como o prefeito de São Paulo, membros das Forças Armadas, dos poderes Legislativo e Judiciário, não só preservaram seus empregos como tiveram aumentos.

Na síntese da insensibilidade e irresponsabilidade o cálculo é que em 2020, em plena pandemia, com a economia do país sangrando aos borbotões, 1 em cada 4 servidores públicos teve aumento.

E aí veio uma espécie de Nova Velhinha de Taubaté, lembram, aquela personagem de Luiz Fernando Veríssimo, criada durante o governo militar de João Figueiredo, a última pessoa do Brasil que ainda acreditava no governo. Pois a Nova Velhinha de Taubaté é... o prefeito de Jacobina. Tiago Dias, do PCdoB, que decidiu reduzir seu salário de R$ 15 mil para R$ 1,1 mil, o valor do salário-mínimo no Brasil.

Um de cinco filhos de um lavrador e uma merendeira, 37 anos, Dias superou as críticas que recebeu, tipo – "Como um cabra da roça pode ser prefeito se nem os 'dotô' deram certo?" e assim se manifestou: "Queria dar o exemplo, porque represento também a zona rural, que ganha menos do que isso. Eu não poderia mesmo receber mais"...

Ou seja, amigos, se aquele velho ditado continuar valendo, a exceção justifica a regra, agora temos, finalmente, uma exceção. Não mais para justificar a regra, mas para se converter na reflexão mais que necessária para que, finalmente, todos os brasileiros sejam iguais perante a lei, deveres e obrigações. E não apenas os trabalhadores das empresas privadas paguem parcela substancial da conta, com cortes nos salários e perda de empregos.

O Brasil está matando seu único doador de sangue, as empresas privadas, para irrigar e manter vivo um estado balofo, monumental, incompetente e insaciável. Vamos permitir que o estado mate a todos nós por asfixia?

7
EFEMÉRIDES E ÍCONES

O que seria do azul se todos só gostassem do amarelo? Mas de que amarelo estamos falando? E foi assim que um dia uma empresa, por suas competências e merecimentos, ascendeu à condição de ÁRBITRO DAS CORES. Incluindo a definição de qual seria a cor de cada ano. Essa empresa é a PANTONE e quem tenta ser o árbitro no Brasil é a SUVINIL. Enquanto isso, o Brasil e o mercado financeiro vão conhecendo um novo GUILHERME BENCHIMOL.

A coluna semanal que comecei a escrever no final dos anos 1970 sobre MARKETING ultrapassou seus primeiros 50 anos. A mais longeva de todo o mundo, publicada a cada nova semana no PROPMARK. E a mais emblemática das marcas de HOT DOGS chega ao Brasil. NATHAN´S FAMOUS. Mais que vale a pena experimentar.

Sem saber que partiria semanas depois, o DR. CARLOS ALBERTO ANDRADE, o DR. CAOA, concedeu importante entrevista à MARLI OLMOS do jornal VALOR. Ele, o melhor vendedor de todos os tempos dos negócios de automóveis no Brasil. E as perdas e danos da KOPENHAGEN durante a pandemia, sob o comando de RENATA VICCHI. RENATA não criou a marca KOPENHAGEN, mas, mais que todos, é quem melhor protagoniza sua essência.

E a linda história de uma sucessão planejada no correr de toda uma vida, LA PASTINA. De pai para filha com extremo cuidado e infinito amor. E a entrevista que REED HASTINGS – o sr. NETFLIX – concedeu à revista VEJA no ápice de sua empresa. E que hoje começa a perder terreno. Terá de se reinventar. Ou...

SUVINIL E PANTONE, CAPRICHEM!

O Dono da Régua, William Edwards Deming, iluminou: "O que não pode ser medido não pode ser gerenciado". Já Lawrence Herbert decidiu criar a régua das cores. Pantone. No Brasil, a Suvinil chamou para si. Assim, depois das trevas do patético 2020.

Em muitos setores de atividades, algumas empresas, em vez de ficarem perguntando ou esperando por, assumem o comando e anunciam as regras ou definem as referências. E com o passar do tempo, caso ninguém conteste e alguns sigam, vai se tornando uma espécie de árbitro de determinada atividade, categoria, negócio.

No mundo das cores, em poucos anos, e porque ninguém cuidava disso, uma empresa sediada em Carlstadt, New Jersey, Estados Unidos, fundada no ano de 1962 por Lawrence Herbert, foi empoderando-se e convertendo-se numa espécie de árbitro global das cores. A Pantone.

De uma pequena empresa que fabricava cartões de cores para as empresas de cosméticos, passou a balizar as cores em todos os setores de atividades, muito especialmente no território do marketing e da comunicação. Pantone, assim, e em poucas décadas, converteu-se no árbitro, na régua. Vermelho de verdade é o vermelho Pantone. Idem em relação ao azul, verde, amarelo, rosa, turquesa e tudo o mais. Alguns países usam a régua Pantone para definir as cores oficiais. Dentre esses, Escócia, Canadá, Coreia do Sul.

A cor do trágico ano de 2020, anunciada pela Pantone no final de 2019, foi a de número 19-4052, Classic Blue. Em plena pandemia, a Pantone anunciou a cor do igualmente trágico ano de 2021. Em verdade, escolheu duas cores... Illuminating Yellow e Ultimate Grey. Cinza e amarelo. Não foi feliz...

Enquanto isso, e apoderando-se desse território no Brasil, a empresa líder das tintas chamou para si – antes que algum concorrente fizesse – a obrigação de definir a cor do ano em nosso país. E no final de 2020, através de divulgação pela imprensa e com campanha nas plataformas analógicas e digitais, a Suvinil anunciou a cor do ano Brasil 2021.

E o catálogo imediatamente tornou-se disponível no portal da empresa. A cor do ano Brasil 2021, segundo a líder que chamou para si esse dever e missão, é, ou melhor, foi a Meia-Luz, "Um tom que leva a um lugar entre mundos, um elo entre sonho e realidade. Último rosa da paleta dos rosas, antes da chegada dos lilases, que carrega a vibração das duas cores"...

Definitivamente não foram felizes. Nem Pantone-mundo, nem Suvinil-Brasil. Sem se darem conta, aumentaram o grau de insegurança, medo e angústia das pessoas.

Muito bom sabermos quais as cores dos próximos anos, mas melhor ainda é aprender com uma empresa líder que líderes não esperam e nem seguem. Definem, dizem, anunciam, orientam e conduzem. Ou, caso contrário, não se é líder de verdade.

Mas tudo o que se quer e espera é que as duas sejam mais felizes daqui para frente... E que ao anunciarem as cores de todos os próximos anos iluminem, pra valer, nossas esperanças...

Estamos mais que precisados.

UM NOVO GUILHERME BENCHIMOL

Do início para o final da década passada, Guilherme Benchimol, XP, não se reinventou, e, aparentemente, por seu comportamento, também não amadureceu.

Evoluiu à medida que seus planos deram certo, e assim ingressou na nova década com um discurso consistente com a posição e a segurança alcançadas.

Durante anos ficou urrando aos quatro cantos que os bancos enganavam seus clientes, recomendando a todos nós que desbancarizássemos.

Mais adiante, ele, Guilherme, e seus XPs, contrariando e negando o que recomendou aos outros durante anos, bancarizaram! De forma ostensiva e escandalosa, aceitando uma montanha de dinheiro do Itaú. Façam o que falo, não façam o que faço...

Ou é quase dizer: Esqueçam o que disse e recomendei!

Meses atrás o Itaú distanciou-se mais do XP, depois de vender uma pequena parcela de sua participação. Mas, no meio do caminho, e compatível com suas conquistas, Guilherme Benchimol foi atenuando seu discurso, agregando graus de elegância e empatia, sem jamais perder de vista suas convicções.

No início da década passada falava como guerrilheiro; agora, nova década, fala como vencedor que é. E seu novo discurso, assim, fica mais palatável e merecedor de muitas, novas e poderosas adesões.

Hoje, Guilherme diz, "Não tenho nenhuma preocupação com a saída do Itaú. Minha preocupação única é com o XP. Fazer com que o negócio fique melhor, funcionários se sintam realizados e clientes satisfeitos – nossos acionistas são consequência disso".

E é isso mesmo. Acionista de verdade é aquele que acredita que seus dividendos serão cada vez melhores e mais generosos, desde que o negócio vá bem, que os funcionários estejam engajados e comprometidos, e, por decorrência, clientes felizes e recompensados pela escolha.

Quando isso acontece a empresa vai bem e os dividendos crescem. Mas, disse também, e continua apontando o dedo:

"O Brasil ainda tem tarifas abusivas para clientes que investem da forma tradicional. É fácil falar que você é focado no cliente, mas quem é focado no cliente, de verdade, não explora o cliente cobrando taxas exorbitantes".

Sobre o futuro do XP – "Dá para fazer uma transformação muito maior nos próximos anos – e é isso que continuaremos buscando. Temos mais cientistas de dados do que banqueiros"...

Perguntado se a movimentação do Itaú surpreendeu, Guilherme Benchimol respondeu, "A única coisa que me surpreende é quando a empresa não vai bem. Qualquer outra coisa que não diga respeito à empresa não me surpreende. Não é o rabo que abana o cachorro. Não é um acionista entrar e sair que faz a empresa ficar melhor ou pior. O que me preocupa é se nossos números estão crescendo, as receitas evoluindo e os clientes satisfeitos"...

Ele, Guilherme Benchimol, o novo banqueiro brasileiro, revelando maturidade sem jamais perder ambição, energia e vitalidade.

Aproximando-se do que um dia disse Che Guevara, claro, em outra situação e realidade: "Hay que endurecerse sin perder jamás la ternura".

Assim, Benchimol segue batendo forte e pesado, mas, agora, com uma dose de ternura e maturidade. Sem exagero, claro.

O sucesso melhora as pessoas? Talvez, alguns, excepcionalmente...

50 ANOS DEPOIS

O mês era agosto, no tempo em que fazia frio em São Paulo. Cheguei para o almoço, como faço até hoje, cinco minutos adiantado. Armando Ferrentini chegara mais cedo. Estava pertinho. O *Diário Popular* ficava no centro velho da cidade. Ao seu lado, nosso amigo e padrinho de um relacionamento que começava naquele momento e nunca mais terminaria, Oswaldo Assef. No piano, Moacyr Peixoto, que, nas noites de São Paulo, tocava com seus irmãos Araken e Cauby na boate Claridge do Claridge Hotel, comecinho da Avenida 9 de Julho.

Fcitas as apresentações, feito o pedido – comi um inesquecível *steak poivre* – Armando vai direto ao assunto. Convida-me para escrever regularmente no suplemento "Asterisco", que era publicado nos finais de semana pelo *Diário Popular*. Armando era o diretor comercial do jornal e seu irmão, Nello, o editor. "Madia, disse Armando, o Brasil precisa de um marketing de verdade...".

O "Asterisco", com o passar dos anos, evoluiu para "Caderno Propaganda & Marketing", e hoje é a consagrada publicação *Propmark*, integrante da Editora Referência, ao lado da revista *Propaganda* e da revista *Marketing*. Publicações nas quais se construiu a história da propaganda e do marketing do Brasil. E assim seguirá por no mínimo mais 50 anos.

Conversamos bastante e eu acabei topando. E Armando propôs mandar um repórter me entrevistar para uma matéria de apresentação no domingo seguinte, a primeira coluna sairia no outro domingo.

Meses antes eu fora contratado pelo Dr. Olavo Setubal para montar o primeiro departamento de marketing de um banco no Brasil – o do, na época, Itaú América.

Publicada a entrevista no domingo, e mesmo antes da publicação do meu primeiro artigo, quando chego na segunda para trabalhar no Itaú tem um recado em minha mesa para conversar com o Dr. Olavo.

Entro em sua sala, pede que eu me sente e me passa o jornal com minha entrevista toda marcada a tinta vermelha, com exclamações, interrogações e muito mais. Um dos diretores do Itaú viu a matéria e ficou indignado...

Dr. Olavo me olha e pergunta: "Madia, você falou tudo isso que está aqui e fez todas essas críticas aos bancos e demais instituições do mercado financeiro?" – "Sim, Dr. Olavo, é o que eu penso, e é assim que pretendo trabalhar como principal responsável pelo marketing do banco e na construção da imagem do Itaú. Foi o que o senhor me disse e pediu. Que seu sonho é ser o principal banco do Brasil. E o caminho é esse. Sou assim e não sei fazer diferente".

Olhou para mim, sorriu – o que não era exatamente de seu estilo –, e me disse, "Contratei a pessoa certa".

E assim se passaram mais de 50 anos. 50 anos onde todos os finais de semana tenho a oportunidade de entrar na casa, cabeça e coração de milhares de empresários e profissionais. No desempenho da missão que o Armando me confiou e que tenho procurado cumprir à risca: Coletar, organizar, analisar, extrair lições e aprendizados do que de melhor e mais atual acontece na gestão das empresas em todo o mundo, na Administração Moderna e em sua ideologia, o Marketing, conforme nos ensinou Peter Ferdinand Drucker.

Hoje, pela força das circunstâncias, pelo apreço, carinho e respeito do Armando, pelo apoio de todos os editores que passaram pelo Propmark, tenho o orgulho e a felicidade de assinar a coluna de marketing mais longeva de todo o mundo.

HOT DOG, OU CACHORRO-QUENTE

Se em inglês é divertido e palatável, em português, embora a tradução seja literal, no mínimo, constrange e incomoda. Muitos brasileiros, especialmente num país alucinado por cachorros. Seja como for, o hot dog é hoje um clássico universal.

E as versões sobre sua origem totalizam quase 10, mas três são as mais celebradas. A primeira e mais conhecida de todos faz referência a um açougueiro da cidade de Frankfurt, que, no ano de 1852, decidiu batizar as salsichas por ele produzidas com o nome da raça de seu cão de estimação, Dachshund.

Já a segunda remete a um imigrante alemão, Charles Feltman, que levou a salsicha Dachshund para os Estados Unidos no ano de 1880, e lá criou um sanduíche quente, com pão alongado, salsicha e algumas alternativas de molho, com o prevalecimento da mostarda.

E a terceira é do ano de 1904, na cidade de Saint Louis, onde um fabricante e vendedor de salsichas, para que sua legião de clientes não queimassem as mãos, decidiu fornecer uma luva. E como ganhasse na salsicha e acabasse perdendo dinheiro com as luvas que não eram devolvidas, aceitou a sugestão de seu cunhado e passou a embalar a salsicha num pão.

Em nosso país a história também tem versões, mas prevalece a de que tudo começou nos anos 1920, quando Francisco Serrador, o criador da Cinelândia, passa a vender sua versão de cachorro-quente em seus cinemas.

Já a disseminação acontece com a multiplicação das Lojas Americanas por algumas das principais cidades do país, onde o cachorro-quente com *milkshake* era o carro chefe. E as crianças que comiam nas Americanas pediam às mães para fazerem em seus aniversários também... De sobremesa, *sundae*...

Dentre as grandes marcas, talvez hoje a mais conhecida e reconhecida seja Nathan´s Famous. E que, por sinal, abriu sua primeira loja no Brasil na cidade de São Paulo, durante a pandemia.

Criada por Nathan Handwerker, com um pequeno *stand*, em Coney Island, ao lado de Manhattan, NYC, no ano de 1916. Nathan era empregado da barraca de cachorro-quente do Feltman, e muitos de seus clientes, artistas como Eddie Cantor e Jimmy Durante o estimulavam a abrir seu próprio negócio.

Na decolagem, Nathan joga o preço para baixo e quebra seu ex-patrão Feltman. E como havia muita controvérsia sobre a procedência da carne, pagava para que modelos vestidos de médicos e enfermeiros comprassem e comessem seu Nathan's na frente das demais pessoas. Todos de avental branco. Hoje o Nathan's, que incorporou a sua marca a palavra Famous, é uma franquia presente em praticamente todos os Estados Unidos, com mais de 1.400 lojas e em mais 17 países. E a partir da pandemia, no Brasil também.

Todos os anos, no dia 4 de julho e desde 1916, em sua loja referência – *flagship* – em Coney Island, realiza o Nathan's Hot Dog Eating Contest – concurso de quem come mais cachorro-quente – originalmente em 12 minutos, e agora, 10 minutos. Conclusão, com a chegada do Nathan's Famous ao Brasil, os hot-dogs voltam à moda e com tudo.

A receita clássica do Nathan's é salsicha exclusiva fabricada de carne bovina, chapeada para formar uma película brilhante, servida em pão especial e macio, com diferentes alternativas de molho. O clássico, batizado de Coney Island, agora vendido na primeira loja do Brasil na cidade de São Paulo, leva além do pão e da salsicha, mostarda e chucrute com receita única.

Muitos de vocês me perguntam e pedem exemplos do que venha a ser uma Narrativa, plataforma essencial para a construção de marcas vencedoras, e de excepcional qualidade.

A resposta é este comentário que agora concluo, e que certamente deve mais que ter despertado a vontade em vocês de experimentarem o Nathan's Famous.

A ÚLTIMA ENTREVISTA DE UM ÍCONE

Para muitas pessoas, Carlos Alberto de Oliveira Andrade, o Dr. CAOA, é uma espécie de Nova Velhinha de Taubaté, lembram, personagem criada por Luiz Fernando Veríssimo, e que era "a última pessoa no Brasil que ainda acreditava no governo".

Pela energia que revela, pelos investimentos em publicidade que faz, parece ser a última pessoa no Brasil de hoje a acreditar no automóvel, na indústria automobilística e em sua capacidade de convencer os últimos compradores de automóveis que os carros chineses são de excepcional qualidade.

Atualmente, nas principais plataformas impressas e sobreviventes, especialmente nos quatro grandes jornais do País, quase agonizantes: *Estadão*, *O Globo*, *Folha de S.Paulo* e *Valor* é, de longe, o principal anunciante. Quase todos os dias duas ou três páginas duplas. Assim como é o grande anunciante das revistas sobreviventes, especialmente a *Veja*.

Imagino que as áreas comerciais dessas publicações rezem pelo Carlos Alberto Oliveira várias vezes, todos os dias da semana/do mês/do ano. É raro o Dr. Caoa conceder entrevistas, mas semanas atrás falou ao *Valor* e à jornalista Marli Olmos.

Da entrevista, separamos algumas de suas declarações.

1. Planos de Exportação

   "Começamos a exportar um pequeno lote de automóveis para o Paraguai. E isso é apenas o início. Já recebemos autorização de nosso parceiro Chery para vender também para a Argentina e outros países. Incluindo toda a América Latina e, em especial, o México"...

2. Pandemia

   "Esse sistema de reuniões virtuais tem sido muito bacana. A gente fala com tranquilidade porque não se distrai. Temos tomado importantes decisões nessas reuniões virtuais"...

Otimista ou Pessimista?

   "Muito otimista. Por uma simples razão. Tenho percebido que os carros da China têm muita tecnologia. Quando estive na China em 2017, me levaram ao centro de pesquisa e desenvolvimento da Chery e me impressionei muito. Eles têm uma estrutura violenta. Um negócio gigantesco."

4. Tecnologia chinesa

   "A tecnologia chinesa sem dúvida vai superar todas as demais. A Chery, por exemplo, tem uma marca de luxo, a Exeed, para brigar com Mercedes e BMW. Vou lançar essa marca no Brasil em janeiro... E vamos fabricar aqui!"

5. Sobre Bolsonaro

   "O presidente tem um jeitão que muitas vezes penso que é tática dele. Mas não existe corrupção. Os escândalos em compras de materiais hospitalares foram debelados rapidamente. Antigamente isso não existia"...

Esse é o Dr. Caoa. O médico que se converteu num dos maiores vendedores de automóveis do mundo. Um empresário absolutamente fora da curva. Em seu comportamento, movimentos, decisões e raras entrevistas.

E que, por enquanto, e não necessariamente seguindo os fundamentos, permanece alcançando grande sucesso.

Uma espécie de principal e/ou último cliente das plataformas analógicas impressas sobreviventes.

NOTA: Os dados deste comentário integram sua última entrevista à jornalista MARLI OLMOS, do jornal VALOR. Semanas depois, em 14 de agosto de 2021, o Dr. CAOA partiu para sempre. Sua obra permanece.

KOPENHAGEN, PERDAS E DANOS PANDÊMICOS E O EMPODERAMENTO DE UMA LÍDER

Criada na década de 1920 por um casal de imigrantes, Anna e David Kopenhagen, a Kopenhagen estabeleceu a régua sobre chocolate de qualidade produzido no Brasil. Todos os demais se referenciaram na Kopenhagen, e algumas marcas de fora, com participações simbólicas de mercado, ganharam alguma expressão.

No ano de 1996, o empresário e investidor Celso Ricardo Moraes comprou a empresa e mudou a sede para Barueri. Nos últimos 20 anos foi preparando e transferindo o comando homeopaticamente para sua filha Renata Vicchi, e a transição concretizou-se quando a pandemia engatinhava no Brasil, no início de março.

Em 2021, a empresa anunciou ter transferido o controle para a gestora Advent, com Renata permanecendo no comando da organização.

Nesses 20 anos muita coisa aconteceu na vida da Kopenhagen do grupo CRM, mas, muito especialmente, o amadurecimento e a capacidade de gestão de Renata.

Comentando pela imprensa a decisão de transferir o controle para o Advent, fez ponderações de maior sensibilidade e sentido. Por exemplo, quando perguntada da razão de terem aceito a proposta, respondeu:

"Costumava dizer que estávamos receptivos a um parceiro desde que não mexesse na Nhá Benta".

Ou seja, um parceiro que agregasse valor e acelerasse o crescimento daqui para frente, sem tentar rever as bases e a essência da marca. Disse, "Não há necessidade de mexer no que nos trouxe até aqui".

Dando sequência sob seu comando e gestão, agora com um novo sócio majoritário, Renata disse ter que proceder a pequenos ajustes nos planos de investimentos e crescimentos previstos para 2020 em função da pandemia, mas, mesmo assim, em vez de abrir 100 novas unidades, abrirá 70. Já o plano de dobrar o tamanho da empresa nos próximos cinco anos permanece.

Muitos e mais anos de vida para a Kopenhagen, mais que capitalizada para crescimento, aquisições e expansão, de forma segura e competente sob a liderança de Renata Vicchi.

E sem permitir que quem quer que seja tente mudar a receita do chocolate Nhá Benta, e, acrescento, em nome da Renata, a do Língua de Gato também!

LA PASTINA, SUCESSÃO PLANEJADA COM AMOR E CARINHO, DE PAI PARA FILHA

"Me sinto honrada pela oportunidade de levar o legado adiante..." – Juliana La Pastina.

Todos precisamos estar sempre preparados para os acidentes de percurso. Nossas empresas, tão importantes para nós, são igualmente importantes para a sociedade. E precisam seguir adiante. Quando uma empresa fracassa, a sociedade contabiliza uma perda irreparável. No dia 20 de agosto de 2020, uma quinta-feira, as principais publicações do Brasil anunciaram a morte de um dos ícones do território da gastronomia e do vinho em nosso país, Celso La Pastina.

Celso começou a trabalhar com seu pai, Vicente, em 1978, aos 20 anos de idade. Expandiu o negócio criado pelo pai, enveredou com consistência e talento pelo território do vinho, e hoje a empresa que criou, a World Wine, exclusivamente de vinhos de qualidade, segue crescendo com lojas próprias nas principais cidades e shopping centers do País.

Corta para a revista *IstoÉ Dinheiro*, do início de 2021, poucos meses após a morte do pai, e lá está ela no comando dos negócios, Juliana La Pastina, fotografada no centro de distribuição da empresa na cidade de São Paulo. Revela que a empresa cresceu 28% em 2020 e pretendia repetir a dose em 2021. Fez!

Segue a vida.

O avô, Vicente La Pastina, começou com um pequeno negócio na zona cerealista da cidade de São Paulo no ano de 1947. Em pouco mais de 10 anos já se consagrava como um dos principais exportadores de grãos do Brasil.

Celso, seu filho, procedeu a um *upgrade* na empresa, passando a trabalhar com produtos de maior valor agregado, criando uma linha própria e esmerando-se no *branding*, na construção da marca. Em pouco tempo os produtos da La Pastina frequentavam as cozinhas dos melhores restaurantes do Brasil e de outros 3000, também.

Hoje são mais de 400 funcionários, o grupo La Pastina é um dos cinco maiores importadores de alimentos do Brasil, e ainda criou no ano de 1999 a World Wine. Agora, e depois da despedida de Celso, o comando segue com Juliana.

Em entrevista à revista *Exame*, contou Juliana:

"Eu já trabalhava há bastante tempo com meu pai. Comecei na empresa em 2004, como assistente, e ocupei vários cargos, sempre no marketing e na área comercial. Vínhamos desenvolvendo o plano de sucessão já há dois anos. Meu pai não queria parar de trabalhar, mas trabalhar um pouco menos. E se dedicar a viagens, à procura de novos produtos e ao relacionamento com os produtores. Obviamente, não imaginava que a transição seria dessa maneira nem tão cedo.

Felizmente tudo aconteceu num momento em que a empresa está muito bem estruturada e azeitada. O que eu quero é dar continuidade ao que já estávamos fazendo. Me sinto honrada pela oportunidade de levar o legado adiante"...

Segue a vida...

Precisamos estar preparados, sempre.

Deixar tudo mais que preparado e planejado, como se não houvesse amanhã.

REED HASTINGS, UM EMPRESÁRIO MADURO

Reed Hastings, no ano da pandemia, lançou seu livro que traduz, no título, a maneira como vê a vida e os negócios. O título é *A regra é não ter regras*.

E algum tempo atrás, diante das produções de sua Netflix terem batido todos os recordes de indicações para o Oscar – de uma única no ano de 2014, a primeira delas, para 35 em 2021 – concedeu histórica entrevista à *Veja*, revelando o que é ser, de verdade, um novo líder ou um líder moderno.

Apenas lembrando, Hastings começou apostando na decadente indústria de locação de filmes mediante entrega de DVDs. Enquanto a hoje falida Blockbuster dominava a cena abrindo lojas pelo mundo, Hastings colocou todas as fichas numa tecnologia nova, a do *streaming*, apostando na escalabilidade da internet em dimensão e velocidade, mas precisava de dinheiro para colocar sua crença em prática.

E assim, foi buscar dinheiro na velha e debilitada indústria de locação de filmes, no analógico, montando uma máquina descomunal e inovadora de locar filmes a distância, em todo o país – Estados Unidos –, ganhando muito dinheiro durante bons anos enquanto a Blockbuster afundava, e colocando esse dinheiro no conhecimento e domínio de um negócio que tinha como base o *streaming*, daí nascendo e prosperando a Netflix.

Repetindo, no início, essa poderosa Netflix de hoje ganhava dinheiro com os velhos e bons DVDs entregues na casa dos americanos pelos correios e perdia dinheiro investindo no *streaming*.

Hastings e seus sócios estavam certos. Assim e agora devidamente consagrado, tendo sido o principal construtor do novo território para onde e gradativamente foram nascendo novas empresas e mudando-se todas as demais sobreviventes da velha indústria cinematográfica, vê suas produções tomarem conta das principais premiações em todo o mundo.

Isso posto, o que de tão fantástico disse esse líder moderno, Hastings, em sua histórica entrevista à *Veja*? Falou, por exemplo, sobre:

- O Brasil, nos aprendizados da Netflix – "Aprendemos muito com os brasileiros. O país foi nossa primeira aposta fora da América do Norte. O hábito de ver o que quiser, na hora que quiser e no aparelho de sua preferência caiu no gosto das pessoas de todas as regiões do Brasil. O brasileiro vê filmes em todas as línguas. É impressionante como vocês são um povo aberto"...

- O fim dos cinemas – "O efeito da covid-19 sobre a audiência do *streaming* é mais modesto do que se imagina. Quando o coronavírus for superado, as pessoas vão voltar a frequentar bares, eventos esportivos, teatros e cinemas. São formas de entretenimento que se aproveitam junto com outras pessoas"...

- 35 indicações para o Oscar – "Nosso negócio é contar boas histórias. E é nisso que nos concentramos. Começamos toda a produção original contemplando e respeitando o ponto de vista das pessoas. É fundamental estar atento e respeitar o que as pessoas adoram compartilhar e falar a respeito. Quando fazemos isso direito, o público se identifica e os eleitores da academia de cinema reconhecem. Prêmio e indicações são decorrência."

Almodóvar diz que as produções das plataformas de *streaming* não são cinema de verdade (?) – "De certa forma, concordo com ele. Mas, na prática, a maioria das pessoas acaba vendo os filmes em casa. E as duas formas de ver filme podem conviver em harmonia. Mas apenas através do *streaming* é possível ver filmes que por diferentes razões não chegavam aos cinemas."

Esse é Hastings. Pensa moderno, aberto, livre, reconhece que tudo é novo e assim tem de ser considerado até converter-se em um *business* consistente.

Seu livro, já no título, mais que define o que pensa, é e faz, *A regra é não ter regras...* Ou, no original, *No rules rules...* E a essência, a razão de ser, o propósito da Netflix é definitivo, matador, sensacional:

"Nosso negócio é contar boas histórias". E é!

8

INOVAR É PRECISO, VIVER NÃO É PRECISO

Demorou, mas os novos hospitais vão invadindo as maiores cidades brasileiras. A começar por São Paulo. Hospitais verdadeiramente novos, do zero, e outros cuidando da expansão. Por exemplo, o EINSTEIN GRU, no aeroporto de Guarulhos. E também, o EINSTEIN GALEÃO, na cidade do RIO DE JANEIRO. E se você sempre quis oferecer aos profissionais de sua empresa uma AULA MAGNA de INOVAÇÃO, agora existe e está a sua disposição. A série IMAGINEERING, no canal DISNEY +.

E por falar em INOVAÇÃO, nada melhor que recorrer a nosso adorado mestre e mentor PETER DRUCKER. Segundo ele, são sete as principais fontes de inovação. Quatro dentro das empresas e três fora. Vale a pena ler, copiar, guardar, disseminar. E o princípio ativo da vez, em todo o mundo, é o CBD, CANABIDIOL. Preocupados em proibir a maconha, esquecemo-nos das virtudes de sua molécula principal, o CANABIDIOL. Agora pode.

Um novo capítulo das bebidas pela frente, desafogando a logística. Muito brevemente quase todas em cápsula, para produção domiciliar, e outras em lata. E depois de três décadas o varejo físico aprende e se readéqua a uma nova realidade. RIACHUELO e TOK STOCK se reinventam tomando como referência o milagre que a RENNER protagonizou com a CAMICADO.

112 anos depois, a PERNAMBUCANAS se reinventa e volta a investir na ampliação de sua rede física. E ao conceder uma entrevista, ALEXANDRE BIRMAN, o CEO da AREZZO CO, produziu um dos melhores MANIFESTOS de todos os tempos.

OS NOVOS HOSPITAIS

Os velhos e tradicionais hospitais, como a maioria continua sendo até hoje, ocupavam um prédio central ou em lugar de fácil acesso, prédio esse que no correr dos anos ia ganhando ampliações, compra dos terrenos vizinhos, novos prédios, e assim foi durante décadas.

Aqui na cidade de São Paulo, essa é a história do Einstein, Sírio, Oswaldo Cruz, Samaritano, Nove de Julho e praticamente todos os demais hospitais que nasceram no século passado. Não se expandiam para novas distâncias e lugares. Cresciam a partir e em torno da base. Nas tabuletas lia-se, "obras de expansão de nossas instalações".

E aí veio a tecnologia, a mobilidade, tudo e todos passando por releituras radicais diante das novas realidades e se recriando, mais que reformando. Recriando mesmo.

Não do zero mesmo, porque uma boa parte continua fazendo sentido e pode ser aproveitada, mas recriando em termos de metodologia de planejamento e visão estratégica.

A mais que saudável descoberta de que não se faz mais planos para o futuro olhando e projetando o passado. É exatamente o contrário. Primeiro se define o quê e como se quer ser em 2040. E depois, o planejamento é um caminho que se constrói de frente para trás até chegar-se aos dias de hoje.

Não pensando em como foi e é até agora e depois ir se modernizando. Mas olhando mais adiante, pensando como terá de ser, e só depois considerar tudo o que tem de ser feito.

Assim como as Novas Farmácias, que começam a brotar nas áreas centrais das grandes cidades brasileiras, os mais tradicionais e respeitados hospitais de nosso país seguem em processo acelerado de recriação.

Que em verdade começou a acontecer a partir da virada do milênio. Em São Paulo tinha o Sírio, por exemplo, que ficava numa única e tradicional unidade, quase na Avenida 9 de Julho. Hoje o Sírio, sob diferentes formatos e novas formas de prestação de serviços, vai se espalhando pela cidade.

Tinha a Beneficência, apenas Beneficência, que foi se expandindo, reinventando-se e se multiplicando. O mesmo aconteceu com o Samaritano, com o Oswaldo Cruz e com o Einstein. Como com todos os demais, em maiores ou menores proporções.

Semanas atrás o Einstein, que não para de crescer e se multiplicar, anunciou mais uma novidade. Começa a atender em aeroportos.

Uma medida que já constava de seus planos, agora num mundo onde os viajantes muito provavelmente terão de correr atrás das vacinas, muitas vezes nas horas que antecedem a uma viagem, e mais todos os atendimentos que se fazem necessários num local por onde passam milhares de pessoas todos os dias, nasce o Einstein GRU, Guarulhos. E, também o Einstein Galeão. E não nasce pequeno.

Desde o primeiro dia oferece os serviços de testes de covid-19, com resultados em 4 horas, evitando que esses passageiros cheguem ao lugar de destino e passem 15 dias trancados em quarentena obrigatória. O Einstein GRU nasce com 65 profissionais entre médicos, enfermeiros e clínicos de laboratório.

É isso, amigos. Enquanto as farmácias assumem mais e maiores responsabilidades ao lado de nossa casa, com muitos e novos serviços, o mesmo acontece com os principais hospitais que nos fazem companhia e agora e também no chamado bota-fora.

Lembram-se da música nos "Bailes da Vida", em que Milton Nascimento canta: "todo artista tem de ir aonde o povo está". É o que prevalece no mundo novo em processo de construção.

Ir, presencialmente, ou garantir o acesso pelo digital, mais *delivery*. Agora somos assim.

"IMAGINEERING", A MELHOR AULA SOBRE INOVAÇÃO

Em todos os processos de consultoria que realizamos na Madia – mais de 1200 para mais de 500 empresas e mais de 3000 marcas –, em algum momento nossos clientes pediam exemplos e *cases* que melhor traduzissem o que é, de verdade, Inovação. "Tudo bem, mas vocês não têm um exemplo pra inspirar o time?"

E o que é ser, desde a origem, uma Empresa Inovadora? Inovadora por gênese, desde sua concepção e nascimento? Ou, se assim não nasceu, como induzir uma cultura de inovação na empresa?

Em 42 anos realizamos mais de 500 palestras sobre o tema Inovação, construímos centenas de *cases*, e na plataforma Perennials da Madia – um trem que leva profissionais e empresas do passado e do presente para o futuro sem necessidade de baldeações ou escalas – todos os meses postamos dezenas de *cases*.

Mas agora, e finalmente, temos um dos melhores exemplos de todos os tempos à disposição de profissionais, empresas e todos nós. E mais que recomendo como programa de final de semana. Encontra-se na plataforma de *streaming* da Disney, a Disney+.

Se você detesta *streaming*, televisão e tudo mais, mas tem consciência de que ou sua empresa INOVA, permanentemente, ou MORRE, assine o Disney+ por uma semana, é de graça, e assista à série "Imagineering" várias vezes. No final da semana e nos outros dias também.

Muitos me perguntam sempre como a Disney conseguiu fazer o que fez, chegar onde chegou e preservar-se viva e relevante? E agora celebrar mais um de seus parques, o Disney World de Orlando, 50 anos mais que coberto de glórias?

Outros jamais pararam um único segundo para pensar nas toneladas de inovação, repito, toneladas de inovação que existem atrás e suportando cada uma das centenas de brinquedos dos parques da Disney. Assim, não perca mais um dia, "Imagineering". Inovação em todos os detalhes.

Antes de colocar seu sonho em pé, Walter Elias Disney, da cidade de Hermosa, Chicago, Illinois, nascido em 5 de dezembro de 1901, criou a fábrica. A fábrica de sonhos. A fábrica de inovações. A "Imagineering". Um bando de malucos, irreverentes, irresponsáveis, alucinados, que nasceram fora da caixa. E que jamais podiam envolver-se com o dia a dia.

Ganhavam para delirar, para sonhar, para dedicarem 24 horas por dia de todos os dias da vida em busca do segredo de entregar Felicidade aos Convidados – lembrem-se, a Disney não chama seus clientes de clientes, e sim convidados, "Be Our Guest!"

É isso, amigos. Temos mais e muitos anos difíceis pela frente em função das crises conjunturais, a da economia brasileira e todas as decorrências da pandemia, e a maior crise estrutural da história do mundo moderno, a do tsunami tecnológico. Que é do bem, mas provoca e exige mudanças. Mais que mudanças, Reinvenções! Renascimentos!

Assim, se você vai ter algum tempo livre neste ou num dos próximos finais de semana, e enquanto aguarda pelo rescaldo da pandemia, por favor, em benefício de sua empresa, do seu negócio, sucesso, vida, felicidade, aceite meu conselho.

Passe um final de semana assistindo todos os capítulos do "Imagineering". No mínimo duas vezes. Você amanhecerá outra pessoa na segunda-feira. Melhor, muito melhor. E mais que uma brisa, um tufão do oxigênio e da energia de inovação, capacitará você e sua empresa e seus negócios para mais e muitos anos, décadas mesmo, de vida. Táesperandooque?

OPORTUNIDADES PARA A INOVAÇÃO, SEGUNDO PETER DRUCKER

De tanto ouvir seus discípulos e seguidores pedirem a nosso adorado mestre e mentor, Peter Drucker, que tentasse sintetizar os diferentes momentos ou situações que possibilitam movimentos de inovação, o mestre disse: "São sete as fontes de oportunidades para a inovação. Quatro dentro da organização e três fora",

A primeira é decorrência de um acontecimento inesperado – um evento qualquer, independentemente de ser um sucesso ou um fracasso.

A segunda, decorre de uma incongruência: a distância entre nossas expectativas e o verdadeiramente alcançado.

A terceira, decorrente da necessidade de se criar um novo processo.

A quarta, decorre de uma mudança na estrutura daquela indústria ou mercado específico, pegando todos desprevenidos.

A quinta, mudanças demográficas.

A sexta, mudanças nas percepções dos consumidores.

A sétima, o advento de um novo acontecimento ou tecnologia.

Repassando a resposta do mestre, na primeira situação, e de repente, uma pandemia como a que acabamos de viver. Com todos os desafios e complicações, mas, também e inerentemente, a possibilidade que traz em si muitas inovações. Para os que tiverem tranquilidade e sensibilidade em identificar as possibilidades.

A segunda, quando decidimos fazer alguma coisa que fica muito distante do objetivado. Nesse momento podemos tomar duas atitudes: desistir ou insistir. E insistir, claro, não da mesma maneira. Identificando caminhos novos que nos conduzam ao sucesso pela simples razão que conseguimos ver o mesmo desafio sob um novo ângulo, ou seja, inovando.

A terceira, quando os desempenhos alcançados não correspondem mais às nossas expectativas e estão debilitando a competitividade de nossas empresas. Esse é o momento de inovar e pensar numa nova forma mais eficaz de fazer a mesma coisa com um resultado diferente.

A quarta é quando acordamos e descobrimos o que um dia sentenciou com a máxima felicidade a intelectual Gertrude Stein: "Não existe lá mais ali". Por alguma razão ou causa, fatos novos e independentes de nossa vontade ou ações, mudaram por completo o campo de batalha. Nenhuma outra alternativa que não seja a inovação.

A quinta, quando ocorrem mudanças demográficas de toda e qualquer ordem. E se o entorno e as circunstâncias mudam, impossível continuar-se procedendo da mesma forma na expectativa de alcançar novos resultados. Inovar é a única solução.

A sexta, quando ao acordarmos um dia e olhamos para o mercado, reconhecemos as mesmíssimas pessoas lá, mas com comportamentos totalmente novos, diferentes. E ou se revê, inovando, o que fazemos e produzimos, ou corremos o risco dessas mesmas pessoas com novos hábitos e comportamentos nem mesmo reconhecerem nossa presença. Assim, temos de nos adequar à nova situação e ao comportamento das pessoas para retornarmos a seus raios de visão, ação e interesses.

E a sétima, segundo o adorado mestre, a chegada de uma nova conquista, descoberta, tecnologia que impõe uma revisão obrigatória, muitas vezes radical, em relação ao que fazíamos até ontem à noite.

E assim, uma vez mais, é inovar ou morrer.

Por isso o mestre nos ensinou que "Todas as empresas, de todos os portes e setores de atividades, têm duas e exclusivamente duas funções. Marketing e Inovação. Marketing para conquistar e preservar clientes, e Inovação para sobreviver". Se você não inova, alguém vai inovar e você, muito rapidamente caminhará para a obsolescência...

Garantimos a vocês que em nossos 42 anos de MadiaMundo-Marketing jamais nos deparamos com uma situação como a que estamos vivendo, mais que propícia, necessária e essencial para a inovação.

Gertrude Stein, mais que absolutamente certa: "Não existe lá mais ali".

VAMOS FALAR DE CBD!

CBD, ex-Confederação Brasileira de Desportos, daqui para frente Canabidiol!

Durante 55 anos a Confederação Brasileira de Desportos, CDB, regulou toda a prática esportiva em nosso país, muito especialmente pela dimensão econômica, o futebol. No dia 24 de setembro de 1979, com o fortalecimento crescente de um futebol cada vez mais a caminho dos clubes tornarem-se empresas, e por determinação da FIFA, a CBD trocou o D pelo F, e virou CBF – Confederação Brasileira de Futebol.

A CBD morreu a tempo. Caso contrário seria atropelada por um novo CBD, o canabidiol, mais conhecido no popular como maconha. O fato é que a maconha, ou melhor, o canabidiol como *business* vai invadindo o mundo. Com maior ou menor intensidade, maiores ou menores permissões e proibições, o fato é que agora se conversa sobre o tema nas câmaras legislativas de todos os países, assim como nas salas de almoço das famílias.

De repente as pessoas passaram a considerar a maconha um bem necessário? Definitivamente, não!

Primeiro, referindo-se exclusivamente ao princípio ativo, descobriram tratar-se de uma fonte poderosa para a pesquisa de remédios para centenas de doenças. Em segundo lugar, por entendimento de importantes lideranças mundiais, prevaleceu a tese do mal menor. É menos grave e perigoso liberar a maconha sob regras, condições e controles, do que continuar permitindo que alimente o tráfico em todo o mundo financiando quadrilhas e gangues poderosas, sendo uma das maiores motivações da criminalidade.

Assim, o entendimento que vai prevalecendo é uma espécie de "é ruim permitir a maconha, mas é péssimo proibir a maconha". E aí, país por país, o assunto vem sendo discutido. Em alguns países com muitos estados e regime federativo forte e consolidado, como é o caso dos Estados Unidos, cada um dos 50 estados americanos decide qual política pretende adotar em relação ao CBD – Canabidiol.

Por exemplo, em 11 estados americanos, hoje, e com muitas mudanças e discussões em processo, o uso recreativo e medicinal da maconha é permitido. Dentre todos os 11, o maior mercado é a Califórnia, com 39 milhões de habitantes. Em outros 22 estados é permitido exclusivamente o uso medicinal. E os demais estão decidindo o caminho que pretendem seguir. Nos demais países, o ritmo é semelhante. 50 países legalizaram o CBD. Sendo que no Canadá, Uruguai, na África do Sul e Geórgia, liberdade total, inclusive para fins recreativos.

O assunto ganhou corpo no Brasil anos atrás quando o ex-presidente Fernando Henrique Cardoso, o FHC, encampando a tese de que somos incapazes de controlar o tráfico, e de é melhor regulamentar e controlar o consumo, junto com outras lideranças mundiais colocou o assunto na pauta. E desde então, ano após ano, o tema vai ganhando corpo, consistência, e a canabis vai chegando a nosso país.

No sábado 26 de abril de 2014, 3 mil pessoas percorreram parte da Avenida Paulista, São Paulo, naquela que ficou conhecida como a Marcha da Maconha. Produziram uma manifestação no vão do MASP em defesa do canabidiol para fins medicinais. Segundo a capitã da polícia encarregada da segurança da marcha, Sheila Cunha, "nenhuma detenção e os manifestantes respeitaram à risca o combinado com a polícia".

Corta, dezembro de 2019, a Agência Nacional de Vigilância Sanitária, Anvisa, aprova a venda de produtos à base de CBD – canabidiol em farmácias, mas ainda veta o cultivo da planta. Segundo o New Frontier Data, NFD, o mercado inicial para os produtos derivados do CBD está estimado em R$ 4,7 bi/ano. Nos Estados Unidos e após a liberação em alguns estados, encerrou o ano de 2019 totalizando US$ 113,6 bilhões.

No dia 7 de março de 2020, uma das principais e novas empresas do território, a aceleradora The Green Hub, realizou o primeiro evento de maior relevância do novo e Big Business. O Cannabis Thinking. No Civi-Co, cidade de São Paulo, no bairro de Pinheiros. Com palestras, atividades imersivas, *workshops*, e a conclusão do evento no final. E tendo como convidado especial, ele, Fernando Henrique Cardoso.

Ou seja, amigo, agora é pra valer. Independentemente de sermos contra ou a favor existe um novo e grande negócio formando-se em nosso país. E se algum de vocês tiver interesse em investir nesse território, o momento é agora. Na pior das hipóteses, para os que são definitiva e radicalmente contra o canabidiol cura, diferente do cigarro – tabaco – que com a adição das substâncias químicas é uma espécie de suicídio a longo prazo!

Não sou a favor da maconha, jamais coloquei qualquer tipo de droga em minha boca, mas sou totalmente a favor de encarar a vida com realidade, verdade, sensibilidade e inteligência. E não fazia mais o menor sentido nosso país continuar ignorando o avanço e as conquistas mais que comprovadas do canabidiol.

O MUNDO DAS LATINHAS... E DAS CÁPSULAS TAMBÉM...

O mundo das latinhas decolou entre a 1ª e 2ª Grande Guerra.

Depois de 300 anos de pesquisa, a American Can Company chegou à tal da latinha. Não obstante todas as pesquisas, latinha pronta e aprovada, ainda prevalecia a lei seca. E assim, a primeira cerveja em lata chegou ao mercado no ano de 1935. A Krueger Beer...

No Brasil, demorou algumas décadas a mais. E decolou via Skol, 1971, uma lata meia boca em que o esmalte de dentro se misturava com o líquido e produzia uma gororoba. Que teve de ser recolhida.

Mais adiante, tudo se resolveu e as latas decolaram pra valer, passaram a ser de alumínio e preparam-se agora para invadir outros e novos territórios.

Os fabricantes de latinhas fazem-se presentes e representados por diferentes associações. Talvez a mais importante seja a Abralatas, que metrifica e divulga os dados do *business* das latinhas. 2019 fechou com 29,6 bilhões de latas vendidas no Brasil, faturamento de R$ 14,3 bilhões, 142 latas por ano para cada brasileiro e um exército de 800 mil catadores de latinhas pelo País, possibilitando um dos grandes feitos do negócio de latas em todo o mundo: um índice de reciclagem da ordem de 97%. E vem mais lata pelo caminho.

Atualmente, do total de latas produzidas e envasadas com bebidas, o domínio é o das cervejas, 84% (70% do total de cerveja vendida no Brasil é em lata). Refrigerantes, 10,7%. E os restantes 5,3% com diferentes produtos, nos quais os fabricantes de lata concentram neste momento sua maior atenção.

Tentando sensibilizar produtores e convencer consumidores de que outras bebidas são igualmente "boas para latas" como vinho, água e diferentes tipos de mixes... esses deverão ser os próximos capítulos da história do mundo das latas. No Brasil e também na maioria dos países.

Isso posto, qual o caminho do *business* de todas as bebidas daqui para frente? Gradativamente, ir migrando do caminho longo e pesado da solução atual para duas alternativas.

Primeira, a solução cápsula, em que as bebidas – boa parte delas –, passam a ser produzidas nas casas e empresas, em porções individuais, através de cápsulas. E a segunda, em que todas as demais embalagens vão abrindo espaço para o prevalecimento das latas. Nas duas alternativas, o mundo alivia-se de seu maior desafio. O peso para o transporte das embalagens atuais.

É isso, amigos. Em direção a um novo mundo no qual 80% das bebidas virão encapsuladas, para o preparo em casa ou nas empresas, ou enlatadas, para consumo imediato.

RIACHUELO PAGA PARA VER E DOBRA A APOSTA

Nos preparativos para o rescaldo da pandemia, as maiores movimentações acontecem em tradicionais empresas do varejo brasileiro. Todas mais que se preparando para voltar ao campo de batalha.

A Luiza praticamente se reinventou desde os primeiros seis meses da pandemia e atirou em diferentes direções; a Via Varejo tirou a distância e eliminou suas fragilidades no digital; a Marabrás reiterou suas âncoras no analógico e lojas físicas, e todas, sem exceção, reconsiderando como eram e estavam na quarta-feira de cinzas de 2020...

A Riachuelo acelerou seus planos e fez dois movimentos significativos e promissores. O primeiro, o fortalecimento de seu relacionamento com a Carter's. Durante anos, talvez a mais tradicional rede de varejo de roupas para bebês e crianças dos Estados Unidos, a Carter's ensaiou vir para o Brasil várias vezes. Nos últimos anos era possível encontrarem-se algumas roupas com sua etiqueta nas Lojas Riachuelo mediante um acordo ainda prevalecente de comercialização. Agora a parceria é pra valer.

Por um prazo inicial de 10 anos, Riachuelo e Carter's somam-se num *sharing business* que permite à Riachuelo evoluir da simples venda de roupas, como já vinha fazendo, para a abertura de lojas.

Ao anunciar a parceria, a Riachuelo divulgou seus planos: a abertura de 60 lojas Carter's no Brasil, sendo as primeiras 10 em 2020, as três primeiras Carter's em shopping centers: Eldorado e Ibirapuera em São Paulo e Botafogo no Rio de Janeiro. A RI/Carter's vem disputar um mercado estimado em R$ 60 bilhões por ano, absolutamente carente de novidades, em que as marcas nacionais que prevalecem nesse território há muito permanecem paradas, com a componente inovação próxima de zero. Ou seja, a parceria RI/

Carter's certamente provocará reações e produzirá uma espécie de despertar nesse território.

A Carter's é da pré-história da Revolução Industrial nos Estados Unidos. Nasceu décadas antes de Coca-Cola, Avon, Sears e quase 30 anos depois da Procter. É do ano de 1865, fundada por William Carter, na cidade de Needham, em Massachusetts. William, emigrante inglês de Alfreton, Derbyshire, chegou aos Estados Unidos no ano de 1857. Casado com Martha Lee, com quem teve quatro filhos. A família Carter desfez-se da empresa no ano de 1890, quatro anos depois da chegada da Sears. E mais recentemente, em 2005, a Carter's comprou seu principal concorrente, a OshKosh, pela quantia de US$ 312 milhões.

Nos Estados Unidos, a Carter's possui algumas parcerias exclusivas. Cria e fabrica produtos únicos para o Walmart e para a Amazon. Assim, e finalmente, Carter's chega ao Brasil pra valer. E em paralelo, segundo movimento, a Riachuelo, "pareia" com a Renner. Isso mesmo, repete e cola na Renner...

Em paralelo ao negócio com a Carter's, a Riachuelo pareando-se na Renner, que anos atrás comprou a Camicado e expandiu de forma consistente a rede, anuncia agora seu braço para casa. A Casa Riachuelo. Já abriu uma primeira loja no Shopping Ibirapuera.

As Lojas da rede Casa Riachuelo terão em média entre 400 a 500 metros quadrados para exposição de produto e trabalharão com um *mix* envolvendo eletroportáteis, panelas e acessórios para cozinha, assim com enfeites e outros utensílios para a decoração das casas.

Ou seja, a Renner que estava meio sozinha nesse território, agora começa a ganhar concorrentes de peso. E outros importantes concorrentes do varejo começam a demonstrar interesse no território casa. E daí? Daí que ninguém quer permanecer parado e os movimentos sucedem-se em diferentes direções. E nesse meio tempo a Tok&Stock se reinventou e ficou muito parecida com a Camicado da Renner...

Numa espécie de dança das cadeiras, ninguém quer ficar sem ter onde sentar... Não agora, mais adiante, e quando finalmente as coisas tiverem um mínimo de sossego, quando a música finalmente parar ou diminuir de ritmo. Todas as empresas maduras sabem que a única alternativa que não existe em momentos como o que estamos vivendo é permanecer parados. E assim, crescem e aceleram-se as movimentações.

Todas e de todos!

PERNAMBUCANAS, 114 ANOS DEPOIS

Poucas empresas do varejo brasileiro são tão longevas e mantêm-se sadias e vivas como a Pernambucanas. Fundada no dia 25 de setembro de 1908, na cidade de Recife, pelo empresário sueco Herman Theodor Lundgren. Precisava dar vazão aos tecidos que fabricava em sua tecelagem, a Companhia de Tecidos Paulista.

Em 1910, abre uma primeira loja na cidade de São Paulo, no marco zero da cidade, Praça da Sé. Décadas depois um de seus comerciais tomou conta do Brasil referindo-se ao inverno... lembram?

"Quem bate? É o frio? Não adianta bater que eu não deixo você entrar... As Casas Pernambucanas é que vão aquecer o seu lar... Eu vou comprar flanelas, lãs e cobertores, eu vou comprar nas Casas Pernambucanas, e nem vou sentir o inverno passar"...

Hoje, e desde 1980, a mais tradicional loja do varejo brasileiro, mesmo chamando-se Pernambucanas, não possui mais nenhuma loja naquele estado.

Brigas de família e de herdeiros determinaram uma sucessão de crises na empresa, alguns dos braços faliram e a que mais resiste é a Arthur Lundgren Tecidos, que tem sua base em São Paulo e com presença em outros nove estados.

Veio a pandemia, e pelas características da clientela, precisou correr atrás. Não só investindo fortemente em sua presença no digital, mas pegando parte expressiva da clientela pelas mãos no processo e em caráter de emergência de migração.

Dentre outras novidades, passou a vender pelo WhatsApp, a oferecer frete grátis, adotou o modelo de entregas *drive-thru* também e instalou totens do lado de fora das lojas para pagamento de boletos e faturas do cartão. E ainda, no seu canal no YouTube, replicou o tutorial.

Em sucessivas entrevistas à imprensa o presidente da Pernambucanas, Sergio Borriello, reitera a disposição da empresa em seguir investindo e que a pandemia não mudou os planos.

Para se capitalizar vendeu propriedades de 66 imóveis onde possui lojas para o Credit Suisse, o que lhe garantiu uma injeção de capital da ordem de R$ 450 milhões, encerrou o ano com 412 lojas, e fechou 2021 com 450 lojas.

Nos planos da Pernambucanas a ideia é seguir como empresa familiar e não considerando a possibilidade de abertura de capital.

A vovó das redes de varejo do País sobreviveu com dignidade na terrível pandemia.

Mas, e em algum momento, inexoravelmente, terá de reconsiderar, se reinventar, reposicionar, sob pena de não chegar aos 200 anos...

O MANIFESTO
ALEXANDRE BIRMAN

Dentre as novas lideranças empresariais em nosso país, sem a menor dúvida, Alexandre Birman é uma das mais consistentes. Pela formação, por seu desempenho, suas ideias, pela maneira que age empresarialmente.

Hoje Alexandre é o CEO da Arezzo Co, empresa fundada no ano de 1972 por seu pai, Anderson Birman, na cidade de Belo Horizonte (MG).

No início, a Arezzo produzia calçados masculinos, mas rapidamente migrou para os femininos. O primeiro gol de placa da Arezzo aconteceu em 1979, com o lançamento do modelo Anabela, revestido de juta.

Os primeiros 20 anos da empresa foram dedicados ao fortalecimento de sua área industrial, maior controle nos processos de produção e seleção criteriosa da matéria-prima. Os anos 1990 foram dedicados à presença no varejo e à construção e ao fortalecimento da marca. E uma primeira *flagship* aberta na Rua Oscar Freire, na cidade de São Paulo, a rua que batizamos aqui na Madia de BEST – Brand Experience Street.

Novas marcas na sequência são adicionadas ao portfólio no final da década, com e principalmente a Schutz, as exportações ganham participação expressiva nos resultados. Em 2008 uma nova marca, AnaCapri, passa a fazer parte do grupo. Mais adiante a empresa ingressa na bolsa, abre uma primeira loja da Schutz em Nova York, mais adiante outra em Los Angeles, e depois outra no Soho, em NYC.

E em 2000 anunciou a compra da Reserva, marca carioca fundada pelos empresários Rony Meisler e Fernando Sigal, com 78 lojas próprias e 32 franquias... Esse é o retrospecto da Arezzo, de seu fundador e agora do CEO Alexandre Birman.

No ano passado, em entrevista ao *Meio&Mensagem*, Alexandre Birman acabou naturalmente produzindo uma espécie de Manifesto ao responder à primeira pergunta, definindo sua estratégia a partir de agora e diante de uma nova realidade que vai se esboçando pós-pandemia.

Disse Alexandre: "Daqui para frente a primeira prioridade é a integração da Reserva, nossa última aquisição. É um novo mercado em que estamos ingressando, portanto, tudo o que pretendemos fazer é o *roll-out* para o mercado feminino, a expansão para o segmento de tênis, reforma e padronização das lojas atuais e abertura de novas. Assim, é prioridade a integração e consolidação do *business plan* da Reserva. Depois, continuação de nosso processo de transformação digital, que tem como base, em primeiro lugar, a integração de canais e uma evolução constante em TI, sistemas e aplicativos. Não são entregas que você finca a bandeira no topo da montanha e acabou. É um processo vivo, que evolui todo dia. Nossa empresa alcançou um estágio maduro na integração de canais, mas agora são quase 900 lojas, incluindo a Reserva, e é preciso ter uma leitura on-line real do tempo dos estoques para direcionar vendas da internet a serem entregues pela loja e, simultaneamente, dar acesso ao estoque do e-commerce ao vendedor que não tem o produto na loja. Toda a integração do estoque é fundamental, assim como a gestão do que é hoje nosso capital mais valioso: nossa base de dados.

São quase 11 milhões de clientes, quatro deles que realizaram compras nos últimos 12 meses, e o marketing mudou. Plano de mídia não é mais e apenas a disponibilidade de dinheiro para. Tem de saber realmente como ganhar *awareness* e em moda isso está cada vez mais difícil, porque as revistas impressas, que eram o grande meio de comunicação, perderam atração e as revistas on-line não têm o mesmo grau de alcance. E TV aberta, pelo valor do *ticket*, não é sustentável, muito especialmente no segmento premium onde atuamos. Assim, voltando às prioridades, sintetizam-se em Transformação Digital e Busca de Resultados na Base de Clientes. E, em paralelo, procurarmos consolidar nossa operação nos Estados Unidos. E por último, mas não em último lugar e simultaneamente, precisamos consolidar nossa cultura empresarial, desafio permanente numa empresa que se forma a partir de diferentes marcas, de diferentes origens."

É isso, amigos. Poucas vezes vimos uma espécie de MANIFESTO com incomum clareza e determinação. Absolutamente completo e admirável. E que brotou de forma natural, diante de uma simples pergunta.

Às vezes, poucas vezes, acontece...

9
BALANÇO DE CATEGORIAS

Muitas pessoas seguem acreditando que produtos não deveriam morrer jamais. Não foi suficiente a lâmpada da Califórnia, que se encontra acesa, sem queimar, há 122 anos. Negar a necessidade de permanente evolução, inovação pra valer, sempre, é negar a essência da condição humana. Que o diga os produtos DURALEX, que não morreriam jamais... E no desespero a BRF tentou fazer da sua campeoníssima QUALY pau para toda a obra. Não existe essa possibilidade.

E a pandemia quase pôs fim aos mais que emblemáticos táxis pretos de Londres. E na DANÇA DAS CADEIRAS em que se converteu o mundo da disrupção, gigantes do passado "dizem adeus e vão-se embora". Como na canção, partiram a FORD, a SONY e outros preparam-se para se despedirem do Brasil.

O maior problema/desafio das empresas aéreas no Brasil não é a alta nos combustíveis, as surpresas do tempo nem a falta de mão de obra treinada e especializada. É a JUDICIALIZAÇÃO! Praga exclusiva de nosso país que afeta em maior ou menor intensidade todos os negócios. E as LOJAS DE DEPARTAMENTO, tal como conhecemos um dia, começam a se despedir. Todas, a partir dos Estados Unidos. NEIMAN MARCUS, JCPENNEY, J.CREW...

Aconteceu de novo. PELOTONS, os novos cabides. Bicicletas modelo NETFLIX, por assinatura mais um pagamento inicial, que parecia prosperar com as ameaças da pandemia. E a desertificação ameaça as principais áreas de edifícios corporativos das cidades. A BERRINI periga virar uma rua fantasma...

"PRODUTOS NÃO DEVERIAM MORRER JAMAIS"

Na virada do século retrasado para o passado, dos 1800 para os 1900, estabeleceu-se uma discussão patética. Que não fazia mais sentido continuar-se fabricando produtos que quebravam, ou "morriam". Que os produtos tinham o dever e a obrigação de durar para sempre. Esqueceram-se das pessoas. Que produtos precisavam mudar e evoluir porque as pessoas, que os compram e usam, mudam e evoluem.

De qualquer maneira, algumas patetices foram cometidas em nome da vida eterna dos produtos. Uma lâmpada. Isso mesmo, a lâmpada mais que centenária, que recentemente converteu-se em página da internet, e permanece acesíssima mais de 120 anos depois, na unidade do corpo de bombeiros da cidade de Livermore na Califórnia... No dia 18 de junho de 2018, ao completar 117 anos, superou a casa de um milhão de horas acesa! Em menos de 10 anos o mundo se deu conta da tolice. Que se os produtos durassem para sempre, as pessoas não teriam empregos, e, sem ter o que fazer, muito provavelmente, passariam os dias brigando...

Salta para 2020 e a notícia do que sobrou da Duralex – lembram? – ingressando com um pedido de recuperação judicial. A história da Duralex começa numa empresa com quase 400 anos, o Grupo Saint-Gobain. Impactada, lá atrás, pela ideia de produtos que jamais quebrassem, desenvolveu um material para fabricação de utensílios para a cozinha que não quebrassem nunca! E assim nasceram os abomináveis pratos e as tigelas Duralex.

Mas para conseguir esse feito, precisavam abrir mão de outros "features" que fazem parte do que as pessoas compram. Muito especialmente, praticidade, *design*, acessibilidade, beleza, dentre outros. E assim, aos poucos, os pratos e utensílios Duralex foram caindo em decadência, recebendo o carimbo de produtos pobres e medíocres, ainda que não quebrassem. E aí o Grupo Saint-Gobain reconhecendo a tolice decidiu saltar fora e a Santa Marina, responsável pela Duralex, foi comprada pela Nadir Figueiredo em setembro de 2011.

E a Nadir Figueiredo foi vendida no dia 12 de julho de 2019 para o *private-equity* americano, Hig Capital, por quase R$ 840 milhões. Levando junto o que sobrou do produto que nasceu para não morrer e não quebrar nunca, a Duralex... E meses atrás, finalmente, o que sobrou da Duralex na França, uma pequena fábrica sediada em La Chapelle-Saint-Mesmin, Loiret, ingressou com pedido de recuperação judicial. Lá fora, a Duralex também passou por um processo de trocas de dono, à medida que a atratividade de seus produtos despencava num mundo mais que desejoso de novidades.

É isso, amigos. José Ortega Y Gasset, jornalista e filósofo espanhol, notabilizou-se, dentre outras frases e pensamentos, por dizer um dia, "Eu sou Eu mais as minhas Circunstâncias", ou seja, dependemos não apenas daquilo que depende exclusivamente de nós, mas de tudo que nos cerca. As tais das nossas circunstâncias. Com empresas e produtos a situação é rigorosamente a mesma.

E que traduzo, especificamente em relação aos produtos e serviços que fabricamos e vendemos, é que somos o que somos e teremos ótimos desempenhos à medida que respeitarmos e respondermos positivamente às nossas circunstâncias.

E nossa circunstância essencial, além de tudo o que existe pelo caminho, chama-se Cliente. E o Cliente que cada um de nós é, há décadas deixou de comprar um produto por sua função específica. E sim, além de um desempenho de qualidade, por todos os *features* e *values* que traz agregado. Design, embalagem, todas as acessibilidades – preço, física, compreensão e entendimento – e claro e também, desempenho funcional.

O que fora feito para jamais quebrar era um tédio. Não quebrava, mas morria. Assim, adeus. R. I. P. Duralex.

Que jamais nos esqueçamos dos exemplos da Lâmpada de Livermore na Califórnia e daqueles pratos e travessas tristes e pobres da Duralex...

ASFIXIANDO A GALINHA, EXAURINDO A VACA

É mais que recorrente a tentação das empresas de converterem músicos espetaculares de um único e mesmo instrumento, o grande campeão na flauta ou no piano, tentando fazê-lo tocar com semelhante sucesso pandeiro, cuíca, reco-reco, tuba, saxofone, violino e tamborim...

E por outro lado, quando uma empresa, por competência ou agraciada pelas forças das circunstâncias, consegue construir uma marca que ascende à condição de líder de uma categoria de produtos, ocorrem duas notícias.

A primeira e ótima, é praticamente imbatível em seu território de atuação. Em muitos casos, converte-se, mais do que na marca do produto, em designação genérica de categoria. Tipo Durex, Chicletes, Gillette, Band-Aid, Yakult, Maizena e outras dezenas mais.

A segunda é péssima, jamais tente usar a marca para qualquer outro produto ou serviço que o consumidor reagirá como a dizer, "Chicletes, não encha o saco, concentre-se em ser goma de mascar...".

Quem ouviu esse urro de revolta e protesto de seus consumidores e clientes seguidores foi a Yakult, quando decidiu converter-se em marca de cosméticos. Passou anos ensinando às pessoas o que era Yakult. Gastou fortunas falando dos lactobacilos vivos.

Conseguiu mudar o hábito das famílias, especialmente de crianças. Ocupou um espaço. Testemunhou perplexa seus principais concorrentes lançarem um produto similar e cansou-se de ouvir e divertir-se com as pessoas falando "Vou comprar um Yakult da Nestlé, da Vigor, Danone e outras marcas".

Mas veio a tentação, faltou juízo, e queria porque queria que as pessoas acreditassem que Yakult era perfeito para abençoar produtos de beleza. Perdeu 10 anos, US$ 100 milhões, enfiou o rabo entre as pernas e jogou a toalha. Encerrou as atividades de seu negócio de beleza e recusa-se a falar sobre o assunto.

Neste momento quem assume tamanho risco e coloca em risco sua marca campeã Qualy é a BRF, leia-se Sadia/Perdigão. Depois de um processo de total qualidade e que demandou 30 anos desde o lançamento no ano de 1991 da Qualy Cremosa, tendo como suporte e lastro Qualidade de Vida, desde o final de 2021 a BRF anuncia que recorrerá ao guarda-chuva e santo protetor Qualy para uma infinidade de novos produtos.

Na partida decolou, além das margarinas, com queijo, requeijão, pão de queijo, e, surpresa, isso mesmo, manteiga... Socorro! Vamos gritar de novo e bem alto, soocccoorrroooooooo!!!

Qual a probabilidade de dar certo? Próxima de zero. E de dar errado, mais de 90%. Assim a BRF está dando um grande tiro no pé.

Teria sido muito melhor desenvolver uma nova marca para os produtos que pretendia e já lançou sob as bênçãos de Qualy do que exaurir sua galinha de ovos de ouro e/ou vaca leiteira. Só faltou a Qualy lançar Qualyada... Mas, sabe-se lá por quais razões, alguns executivos e empresas acreditam que vale a pena contrariar o aprendizado de décadas.

Que os deuses dos produtos e serviços se apiedem de Qualy diante do desvario de seus gestores...

De que adiantam centenas de lições no correr da história do marketing, administração, negócios, se as pessoas se recusam a aprender?

PROCURANDO NEMOS

Desde março de 2020, os motoristas de táxi resistentes, teimosos, e muito especialmente os que não conseguem ficar em casa parados – caso contrário a cabeça esquenta e acabarão com seus casamentos – saem todas as manhãs à cata de passageiros.

Normalmente, e antes de março, mesmo com a concorrência do Uber e assemelhados, os taxistas de uma cidade como São Paulo terminavam o dia fazendo entre 12 e 22 corridas e entre R$ 300 e R$ 400 de faturamento.

Em tempos de pandemia, com sorte, uma corrida de manhã, outra ou duas à tarde, e voltam para casa com menos de R$ 10 no bolso porque gastaram o restante em alimentação e combustível. Essa não foi uma realidade exclusiva de nosso país. Isso aconteceu em maiores ou menores proporções em todos os países e principais cidades do mundo.

Em Londres, que se notabilizou pela inteligência de ter um único e mesmo modelo para todos os táxis, criado e desenvolvido exclusivamente para ser táxi, facilitando a vida dos motoristas e garantindo maior conforto aos passageiros, os tradicionais carrinhos pretos praticamente desapareceram das ruas.

Diferentemente do que acontece nas demais cidades onde os táxis são carros comuns convertidos, as empresas proprietárias dos carrinhos pretos, donas das frotas, não têm o que fazer com os milhares de automóveis devolvidos...

Falando ao *The New York Times*, Steve MCnamara, secretário-geral da associação de motoristas de táxis licenciados da cidade de Londres, disse, "Somos o único ícone que sobrou de nossa cidade, Londres... E nesse ritmo, teremos desaparecido por completo em no máximo três anos...".

Impossível pensar-se em Londres sem aqueles milhares de carrinhos pretos cruzando as ruas da cidade... Impossível não nos emocionarmos e carregarmos muita tristeza em nossos corações pelos lugares, pessoas e momentos queridos que perdemos para sempre na pandemia.

Fernando Pessoa, décadas atrás, celebrou esses pontos de referências da vida de cada um de nós, lembram? Numa poesia chamada "Tabacaria".

"Cruz na porta da tabacaria! Quem morreu? O próprio Alves? Dou ao diabo o bem-estar que trazia. Desde ontem a cidade mudou.

Quem era? Ora, era quem eu via. Todos os dias o via. Estou agora sem essa monotonia. Desde ontem a cidade mudou.

Ele era o dono da tabacaria. Um ponto de referência de quem sou. Eu passava ali de noite e de dia. Desde ontem a cidade mudou.

Meu coração tem pouca alegria, E isto diz que é morte aquilo onde estou. Horror fechado da tabacaria! Desde ontem a cidade mudou.

Mas ao menos a ele alguém o via, Ele era fixo, eu, o que vou, se morrer, não falto, e ninguém diria. Desde ontem a cidade mudou...".

É isso, amigos, segue a vida. Mas vamos sentir muitas saudades de todas as referências que perdemos nos últimos 24 meses de pandemia. E sem essas referências, mesmos vivos, também morremos um pouco.

Nós, sobreviventes do covid–19, daqui para frente e para sempre, com a sensação que esquecemos ou perdemos alguma referência pelo caminho, que está faltando um pedaço em nós. Quem sabe um dedo... Talvez uma perna inteira...

E volta e meia nos distraindo e desejando parabéns e muitos anos de vida nas redes sociais para queridos amigos que não moram mais aqui, mas nossa memória sabe-se lá por quais razões, recusa-se a dar baixa.

A DANÇA DAS CADEIRAS

O mundo vive hoje uma espécie de dança universal das cadeiras, lembram?

Aquela brincadeira que se fazia nas casas de família e nos programas de televisão, sempre com uma cadeira a menos do que o número de participantes. E quando a música parava de tocar todos tinham de sentar. O que permanecesse em pé pela falta da cadeira era desclassificado.

De certa forma hoje o mundo vive uma grande dança das cadeiras. A música começou em ritmo de valsa lenta, foi acelerando, já está entre samba canção e bossa nova, e muito proximamente vai virar frevo. E o número das cadeiras nos territórios convencionais cada vez mais diminuindo.

Nos novos territórios, infinitas cadeiras a serem descobertas e conquistadas, mas, nos tradicionais, as cadeiras estão terminando. É o que acontece hoje no mundo. Um mundo velho encerrando suas atividades, o número de cadeiras – mercado – diminuindo, e muitas empresas descobrindo-se em pé e perdidas e retirando-se.

Essa dança já começou em nosso país e vai se acelerando. Das grandes e tradicionais empresas três já não tinham mais cadeiras para sentar, perderam mercado, relevância, competitividade, e como na canção de roda ciranda- cirandinha, "por isso dona Chica entre dentro dessa roda, diga um verso bem bonito, diga adeus e vá embora". E assim partem Ford, Mercedes e Sony.

Milhões de compradores dos produtos Sony ficaram preocupados. Como proceder em relação aos produtos que compraram nos últimos anos se der problema... E aí, como era de se esperar, estabeleceu-se o conflito e multiplicaram-se as opiniões.

Segundo alguns, e lastreados no Código de Defesa do Consumidor, as empresas permanecerão responsáveis por seus produtos de acordo com a vida útil prevista para cada um deles. Pergunta: Quem vai determinar qual era a vida útil prevista?

Já outros dizem que toda a cadeia de valor é responsável. E não apenas os fabricantes. Assim, em caso de questionamentos na Justiça, respondem não apenas os fabricantes como os revendedores de automóveis, o varejo de produtos e outros agentes econômicos da cadeia de valor.

Tentando prevenir todas as contendas que certamente acontecerão nos próximos meses e anos, o Procon de São Paulo vem procurando compor-se com as empresas retirantes estabelecendo uma espécie de pacto de relacionamento com os consumidores de boa-fé que compraram seus produtos. Com a Ford, por exemplo, o Procon SP celebrou um acordo em que a Ford se compromete ao fornecimento de peças enquanto seus automóveis seguirem rodando... E agora tenta fazer o mesmo com a Sony.

Ou seja, amigos, nas despedidas, vão se os vínculos emocionais e exacerbam-se as dúvidas, inseguranças e questionamentos.

Quando uma empresa fecha ou retira-se, todos perdem. Uma empresa, mais que propriedade de dono, donos ou acionistas, é um bem da sociedade.

"A Barata diz que tem sete saias de filó / É mentira da barata, ela tem é uma só / Ah, rá, rá, iá, ró, ró, ela tem é uma só!"

RELAÇÕES TENSAS

As relações dos clientes das empresas aéreas, mais conhecidos como passageiros, com essas empresas, são sempre impregnadas de total, absoluta e indisfarçável tensão. O medo sempre está por perto ou escancaradamente presente. O medo de se atrasar e perder o avião. O medo do avião não decolar no horário. O medo de perder a mala, e até mesmo o medo do avião despencar. E na chegada, nos voos internacionais, de ficar retido na imigração... E muito mais...

Ninguém, nem o mais calmo dos seres humanos, viaja de avião com total e absoluta tranquilidade. No mínimo, tenso. Por maior número de aviões que uma empresa aérea possua, seu desempenho está condicionado às condições climáticas, aos aviões não apresentarem qualquer defeito, a algum problema com a tripulação, muito especialmente com os pilotos, e por aí vai. São infinitas as condicionantes.

E quando tudo acaba bem, o avião saiu e chegou no horário, as malas em perfeita ordem, finalmente o passageiro entra no táxi, a sensação de felicidade, de dever cumprido, até revela alguma simpatia pela empresa aérea e pela felicidade do voo. Em alguns voos com alguma turbulência e tensão, é comum a tripulação e especialmente o comandante serem aplaudidos no momento em que, e finalmente, o avião para. Mas se ocorre qualquer coisa fora do previsto, parcela expressiva dos passageiros, devidamente estimulados pelos advogados de aeroportos, processam a empresa aérea. Por tudo, mesmo conhecendo os riscos que se adquirem quando se compra uma passagem aérea.

Se isso é uma rotina no mundo inteiro, no Brasil a judicialização dos voos por passageiros cobrando recompensas e indenizações das empresas aéreas é, no mínimo, 10 vezes maior do que em qualquer outro país.

No ano de 2021 a Azul, por exemplo, foi condenada a indenizar duas crianças que tiveram de esperar 10 horas pelo embarque. Imagine duas crianças viajando sozinhas, vindas de Porto Seguro para Belo Horizonte, com os pais monitorando e esperando esse tempo todo e os nervos indo bater no céu, claro, e com muitas orações.

Aconteceu com a Azul o que sempre poderá acontecer com qualquer empresa. A aeronave apresentou problemas, não decolou, e o voo seguinte era 10 horas depois. Coisas da aviação e de quem escolhe essa alternativa de transporte. Totalmente diferente do que acontece com os serviços de transporte em terra, nos táxis, por exemplo, em que se você perdeu o primeiro pega o seguinte que, muitas vezes, não demora mais que alguns segundos.

Claro, os pais das crianças processaram a Azul que assim, segundo decisão do juiz João Luiz Nascimento de Oliveira da 27ª Vara Cível de Belo Horizonte, condenou a empresa, mesmo com os argumentos da Azul de que cuidou das crianças com todo o carinho e respeito, forneceu *vouchers* para alimentação, embarcou as duas no primeiro voo possível, que cuidou, repito, das duas o tempo todo no aeroporto, o juiz condenou a Azul a indenizar a família sob o argumento de que "o fornecedor responde pela reparação dos danos causados aos consumidores independente de culpa...".

Por essas e infinitas outras razões que por mais azul que esteja o céu, sempre será negro para as empresas aéreas e as passagens seguirão custando caro, muito caro...

Empresas aéreas e passageiros, relações tensas, sempre. Por mais dissimuladas que se apresentem...

O FIM DAS GRANDES LOJAS DE DEPARTAMENTO

Num processo de redução e quedas sucessivas que já dura quase duas décadas, as lojas de departamentos seguem derretendo nos Estados Unidos. Dentre outras, Neiman Marcus, J.Crew, Stage Stores, JCPenney, agonizam.

Meses atrás as notícias eram sobre a Neiman Marcus e seu pedido de concordata. No final do ano passado, quem seguiu o mesmo caminho foi a JCPenney.

Conclusão, apenas nos cinco primeiros meses de 2020, Neiman Marcus, J.Crew, Stage Stores e JCPenney mergulhando na crise.

Apenas lembrando, há 20 anos a JCP esteve por aqui, Brasil, e fez importante aquisição de participação na Renner. Anos depois, 2005, e por crises nos Estados Unidos, vendeu sua participação e tentou concentrar-se por lá. Fez mudanças radicais, mas nada deu certo, recorrendo ao fechamento de 850 lojas nos Estados Unidos e em Porto Rico.

Em poucas palavras. Se a covid-19 revelou-se fatal para pessoas que já padeciam de outros problemas de saúde, o mesmo aconteceu nos negócios. Muitas empresas que também estavam "doentes" por outras causas e razões viram essas outras doenças exponenciarem-se pela coronacrise.

E muitas dessas, de forma definitiva. Irão a óbito. Assim, primeiro nasceram as lojas de departamento. A que mais marcou esse tipo de comércio nos Estados Unidos foi a Sears, do ano de 1886. Antes mesmo da virada do milênio, foram revelando-se obsoletas, diante do prevalecimento dos shoppings.

Os shoppings passaram a oferecer tudo o que as lojas de departamento ofereciam. E ainda mais e melhor. Aos poucos, foram sendo expulsas dos shopping centers, como aconteceu no Brasil. E agora são aniquiladas pelo comércio eletrônico e pela especialização. Faltava o empurrão final. Com a coronacrise, não faltava mais. As lojas de departamento, agora, despedem-se para sempre.

E pensar que durante duas décadas as famílias abastadas da cidade de São Paulo tinham por hábito tomar chá da tarde no salão de chás do Mappin. Isso mesmo, ali, em frente ao Teatro Municipal...

PELOTONS, OS NOVOS CABIDES

No ano de 2012, John Foley, que durante anos foi o CEO da legendária, combalida e decadente rede de livrarias Barnes & Noble, sem maiores pretensões, criou sua *startup*, Peloton.

Uma empresa de bicicletas estacionárias com finalidade específica: colocar em forma seus compradores e cuidar da saúde deles. Desenhada especificamente para essa função e com uma tela bem maior do que as que se costuma encontrar nas bicicletas estacionárias e para exercícios físicos no mesmo lugar. Assim, a vida seguia seu curso normal e sonolento para a Peloton.

E aí veio a pandemia. E os americanos descobriram a Peloton. Por US$ 2,2 mil na compra e mais uma assinatura mensal de US$ 13, toda a sabedoria e conhecimento dos mais renomados instrutores de pedaladas, corridas e *spinning*. Muito rapidamente ganhou o apelido da bicicleta Netflix, ou a Netflix das Bicicletas, ou ainda Netflix Fitness...

Até agora, que se saiba, é impossível utilizar-se as telas da Peloton para qualquer gambiarra que dê acesso a filmes, canais de *streaming* e outros derivativos que só distraem a atenção e inibem o desempenho físico esperado e todos os benefícios decorrentes para a saúde. Ou seja, os adeptos da Peloton só têm um único e mesmo conteúdo nas telas, para a função do que pretendiam com a bicicleta. Cuidar da saúde e do corpo. Entrar em forma.

Na prestação de contas do trimestre olho do furacão da pandemia, abr./jun. 2020, o faturamento foi de US$ 670 milhões. Quase 200% a mais que o mesmo trimestre de 2019.

No Brasil, com as academias fechadas, algumas das academias ofereceram a seus melhores alunos por uma bagatela – R$ 399/mês, o aluguel de suas *bikes* para *spinning*.

A Bio Ritmo, por exemplo, alugou para seus melhores alunos as 500 bicicletas que possuía em diferentes unidades, enquanto essas unidades não reabriam pra valer...

É isso, amigos. A pergunta que não queria calar, naquele momento, era: O que iria acontecer com as milhares de Pelotons nos Estados Unidos depois da vacina e fim da pandemia? O mesmo que aconteceu com suas avós e mães, as bikes estacionárias que as antecederam. Virar cabide. Não havia previsão mais óbvia do que essa.

Se trabalho a distância é um tédio, solidão, tristeza, isolamento, anti-humano, o que dizer de ginástica ou condicionamento físico a distância. No dia seguinte à volta, e após todas as garantias de segurança resgatadas, as academias ficaram abarrotadas.

Ao menos nas primeiras semanas e meses. E o cabide Peloton teve de se conformar com roupas dependuradas em seu guidão, selim e demais compartimentos... Quem sabe chinelos nos pedais...

A DEBANDADA DOS IMÓVEIS COMERCIAIS

Faltava um pretexto. Ou, se preferirem, uma razão definitiva. E assim, o que estava previsto para acontecer mais adiante foi antecipado pela pandemia. Muitas funções nas empresas sempre foram realizadas a distância. Há mais de 50, 60, 80 anos... Utilizando-se os Correios, telefone, telex e tudo o mais. Eram os milhares de vendedores que passavam dias, semanas, meses e anos viajando por todos os cantos deste país continental que é o Brasil. E a cada nova cidade mandavam os pedidos por cartas, telex e outros meios.

De 2000 para cá passaram a mandar pelo digital, recorrendo à internet, *tablets*, celulares, *smartphones*.

Mais adiante, as empresas de telemarketing, que empregam centenas de milhares de brasileiros, decidiram mudar-se das mesmas localidades das empresas para as quais prestavam serviços para outros locais e cidades com farta mão de obra, de infraestrutura adequada de comunicação, e onde o vale-refeição fosse menor. E assim, as empresas de telemarketing foram deixando os grandes centros.

E nesse ritmo, gradativamente, outras funções passíveis de serem realizadas a distância seguiram o mesmo caminho, mas em ritmo lento e moderado. A pandemia acelerou tudo.

E assim, todas as funções que podem ser realizadas a distância, porque são mecânicas e operacionais sem maiores preocupações de estratégia, planejamento, reflexões, nas quais a presença física não é essencial, não voltarão para as matrizes e filiais das empresas. Permanecerão a distância.

Com pessoas trabalhando para sempre em home office, e para tanto terão de ser treinadas, capacitadas e aparelhadas.

Conclusão, o esvaziamento dos edifícios corporativos que só aconteceria pra valer na década de 2030 foi antecipado em 10 anos, e revela-se robusto e poderoso agora, em poucos meses, no final ou controle da pandemia com a vacinação.

Drucker, décadas atrás dizia de sua estupefação diante de empresas obrigarem seus funcionários de 80, 90 e 100 quilos passarem de duas a quatro horas todos os dias empoleirados nos transportes coletivos, quando tudo o que as empresas precisavam eram de seus cérebros que pesam menos que 3 quilos.

A covid-19 determinou, assim, essa mudança definitiva. Conclusão, o esvaziamento dos edifícios corporativos nos grandes centros do Brasil é exponencial e muito maior do que admitem os proprietários de imóveis.

Os proprietários mais sensíveis se deram conta do tsunami que viria pela frente e rapidamente antecipando-se, propuseram reduções de até 50% nos aluguéis para preservar as empresas locatárias e não terem de assumir o IPTU e o condomínio. Mas muitos ainda não se deram conta e muito rapidamente verão suas propriedades vazias. Talvez, para sempre.

Alguns dados mais que documentam essa nova realidade. Entre os meses de abril e setembro de 2021, apenas na cidade de São Paulo foram desocupados e devolvidos 122 mil metros quadrados dos chamados edifícios classe A. Desse total, 73% ocupavam áreas com menos de mil metros quadrados.

Na média, os aluguéis despencaram mais de 30% e continuaram em queda, a previsão era de que encontrariam uma situação de nova realidade com uma queda final entre 50% e 60%.

Grandes empresas começaram 2021 anunciando devolução da maior parte dos espaços que ocupavam. Dentre essas, no Rio, a Vale. Dos 15 andares que ocupava na Torre Oscar Niemeyer, no Botafogo, devolveram 11, numa primeira redução.

Em São Paulo, mais da metade de todas as grandes empresas devolveram entre 30% a 70% dos espaços que ocupavam no início de 2021.

Em janeiro de 2023 teremos enormes dificuldades em nos lembrar como era o mercado de imóveis corporativos 36 meses antes, janeiro de 2020, vésperas da coronacrise...

É isso, amigos. Conviveremos nova década com milhares de metros quadrados e edifícios corporativos tentando revocacionarem-se em busca de novas utilizações.

Dentre outras, e como já comentei com vocês, convertendo-se em hortas urbanas. Já que a pecuária urbana demora um pouco mais.

10
MARKETING LEGAL

A Justiça de nosso país é tão absurdamente lenta que não é incomum, muitas vezes, as partes litigantes nem mesmo se lembrarem mais das razões das disputas. Foi o que aconteceu na contenda entre BELEZA NATURAL e BELEZA PURA. E os NOVOS BANDIDOS do DIGITAL seguem atazanando a vida das pessoas, muito especialmente a dos idosos. A distância, e valendo-se da ingenuidade e desconhecimento, roubam o máximo que podem.

Nem tudo é um mar de rosas nas empresas da Nova Economia. No dia em que BRIAN CHESKY, AIRBNB, derramou lágrimas numa coletiva de imprensa, as pessoas começaram a tomar conhecimento dos desafios que a plataforma vem enfrentando. E o dia em que a maior fabricante de AIRBAGS do mundo – TAKATA – reconheceu sua incompetência, jogou a toalha e faliu!

A ASSIMETRIA REGULATÓRIA era o que mais os bancos reclamavam das autoridades financeiras e que permitiu uma escalada monumental de *fintechs* em nosso país. Os cinco grandes bancos reclamavam "igualdade de tratamento". Agora silenciaram pela crise em que vão mergulhando as *fintechs*. E por mais que algumas empresas recusem-se a colocar as mãos à obra, o fim da discriminação e preconceitos segue acelerando.

Um dia deram ao Pacaembu uma nova denominação. Decidiram homenagear PAULO MACHADO DE CARVALHO. Em 2019, o Pacaembu foi privatizado e a empresa vencedora, ALLEGRA PACAEMBU, decidiu vender o *naming* do estádio, pode? E está mais que na hora das empresas que prestam serviços e vendem pelo digital serem mais cuidadosas e assumirem suas responsabilidades.

POR QUE É MESMO QUE ESTAMOS BRIGANDO?

A Justiça em nosso país é mais lenta que tartaruga cega e manca. E muitas vezes, quando uma contenda chega ao fim, as partes, nem mesmo se lembram mais da razão da briga. De terem acionado a Justiça.

No ano de 1993, Heloisa Assis – a Zica – empregada doméstica, casada, três filhos, decidiu abrir seu primeiro salão de beleza. O primeiro e início de sua empresa de sucesso, Beleza Natural. Anos antes, inconformada com seu cabelo, desistiu dos processos convencionais de alisamento e fez um curso de cabelereira na paróquia da igreja da comunidade.

Terminado o curso decidiu criar um produto e método para pessoas que tinham o tal do "cabelo ruim" e estavam cansadas dos alisamentos. Misturou as químicas, utilizando bacia e colher de pau, testava o resultado em seu próprio cabelo, perdeu muito cabelo, ganhou alguns buracos no couro cabeludo, mas, finalmente, chegou lá. Descobriu a fórmula.

O resto é história, Zica virou celebridade nacional e segue firme e forte com sua Beleza Natural, com 38 unidades, uma fábrica em Bonsucesso e faturamento de R$ 1,5 bi no ano de 2020.

José Carlos Semenzato começou adolescente a revelar sua veia empreendedora vendendo coxinhas feitas pela mãe para ajudar nas despesas da casa. Tinha 13 anos. Com 22 abriu seu primeiro negócio, a Microlins, convertendo-se, em poucos anos, na maior rede de escolas profissionalizantes do País, com mais de 4 milhões de alunos.

Em 2003, com outros dois sócios fundou o Instituto Embelleze e depois mais um negócio, outro negócio, mais outro ainda, e hoje é um dos reis do *franchise* em nosso país.

Em 2012 decidiu criar mais um novo negócio. A Beleza Pura, na cidade do Rio de Janeiro, o que determinou de imediato uma ação na justiça pela Beleza Natural. De cópia grosseira do modelo de negócio, solicitando o imediato fechamento do novo negócio do Semenzato, mais indenização pela cópia e prejuízos causados.

Quase nove anos depois o processo chegou ao fim. A Justiça não deu provimento à reclamação da Beleza Natural alegando que, no fundo, todos os salões de beleza são muito parecidos, e isso vem desde muitas décadas antes do nascimento da Beleza Natural... Mesmo tendo recorrido, a empresa voltou a perder.

Só que, no meio do caminho, Semenzato e seus sócios preferiram direcionar os investimentos para outros negócios, mais rentáveis e escaláveis, e desistiram da Beleza Pura...

É isso, amigos. Assim é a realidade da mais que injusta Justiça brasileira. Quando as questões chegam ao fim, e se chegam, muitas vezes as partes nem mesmo se lembram porque brigavam... Quando ainda estão vivas...

Mas, por outro lado, uma importante lição. Para que a cópia se caracterize num negócio convencional e de longa tradição, é preciso que os traços de exclusividade, individualidade, nas diferentes dimensões, sejam suficientemente únicos para caracterizar eventual cópia. Caso contrário, é perda de tempo, energia e dinheiro.

Quase sempre, nessa injusta Justiça brasileira, prevalece o brocardo: "Mais vale um mau acordo que uma boa demanda".

BANDIDOS SANGUINÁRIOS DA DARK WEB

É rara a semana em que não ocorra um ciberataque. Tendo no seu comando e operação profissionais altamente qualificados e do mal. Isso mesmo, bandidos cruéis, sanguinários, da pior espécie.

A primeira sensação e reação da sociedade é que se trata de ladrões oportunistas. Exagerando, "ladrões de galinha" de ontem, mais preparados e competentes, que dão golpes, machucam as finanças das empresas e das pessoas, e fica por isso mesmo. Definitivamente, NÃO!

Não fica, são assassinos sanguinários e desprezíveis. Não dirigem sua sanha criminosa a uma ou outra pessoa, atacam e devastam centenas, milhares, de pessoas, de uma única vez. Não pescam com singelas varas de pescar. Pescam com redes monumentais... crápulas!

Meses atrás o banco de dados atacado por esses bandidos foi o do Grupo Fleury. Tiraram o Fleury do ar, roubaram dados de milhares de clientes, criptografaram a quase totalidade e passaram a exigir criptomoedas para liberarem esses dados e informações.

Enquanto isso acontecia, causaram a morte de algumas pessoas... Pela inacessibilidade aos dados... Não se tratava dos dados da torcida de um clube que pura e simplesmente deixava de comprar ingressos por determinado tempo. Eram dados de pessoas, sobre a saúde das pessoas, sobre milhões de exames médicos, e que, seguramente, provocaram, de forma direta ou indireta, muitas mortes. Assim, são assassinos impiedosos. Repito, crápulas.

No desespero, o Fleury teve de contratar de emergência as melhores empresas disponíveis no mercado como PWC, Accenture, Proteus, dentre outras, tentando superar a crise o mais rápido possível.

Até quando a sociedade continuará tratando esses assassinos em massa e recorrentes como crimes civis, comuns, coloquiais?

Está mais que na hora de uma reação global, sob o comando e patrocínio da ONU, para darmos início à maior caça aos bandidos digitais e sanguinários que hoje nos tiram a tranquilidade e o prazer de utilizarmos os fantásticos recursos do Admirável Mundo Novo em processo de construção.

De certa forma, pouco mais de 20 anos depois que tudo começou, vivemos tempos semelhantes aos dos piratas que saqueavam os navios e dos bandidos que assaltavam as diligências. Com uma pequena grande diferença. Bandidos que assumiam riscos para cometerem seus crimes. Colocavam o deles na reta, a vida em risco.

Hoje, os bandidos da *deep web* e do digital trabalham de suas casas, confortavelmente, provocando pânico e desespero em milhões de pessoas...

Mais que na hora de uma reação total e poderosa da sociedade. Mais que na hora de condenar todos eles a, no mínimo, prisão perpétua.

Nunca fui a favor da pena de morte. Estou reconsiderando...

AIRBNB E AS SOMBRAS

Em entrevista à CNBC, no mês de junho de 2021 Brian Chesky, um dos fundadores do Airbnb, quase em lágrimas afirmou, referindo-se ao efeito da pandemia: "Levamos 12 anos para construir o Airbnb e perdemos quase tudo em questão de quatro a seis semanas...".

Em verdade a pandemia causou um grande estrago no negócio do Airbnb, mas as verdadeiras razões de preocupação dos fundadores da empresa bilionária são de outra ordem. É que dia após dia, a sucessão de problemas gravíssimos em decorrência do sistema de hospedagem torna frágil e precária a suposta sustentabilidade da empresa que encantou e ainda encanta o mundo. Não em termos econômicos, mas de segurança mesmo. Os riscos inerentes ao produto Airbnb são de grande dimensão e inadministráveis. E os problemas, acidentes, crimes, assim, vão pipocando em diferentes lugares do mundo. Por mais que se tente colocar uma pedra em cima.

Depois de anos de relativa calmaria ou de pequenos acidentes contornados, algumas situações trágicas vão se multiplicando e expondo os elevadíssimos riscos que o sistema Airbnb envolve e carrega.

Na edição da *Exame* do mês de julho de 2021, uma grande matéria da Bloomberg Businessweek. E que começa com um crime ocorrido em Nova York, no primeiro andar de um prédio na Rua 37, a poucos quarteirões de Times Square.

Um grupo de turistas australianas hospedou-se num edifício em imóvel Airbnb no Ano-Novo de 2015. Terminado os festejos, uma das jovens deixou as amigas num bar e voltou ao apartamento. Não percebeu a presença de um homem com uma faca; foi estuprada, acionou a polícia, conseguiram prender o bandido. Rapidamente, a equipe de segurança do Airbnb saiu a campo, levaram a vítima para um hotel, trouxeram sua mãe da Austrália... Dois anos depois, e em acordo, um cheque de indenização de US$ 7 milhões foi pago à vítima pelo Airbnb...

Casos como esse em outras e menores proporções repetem-se em todo o mundo e assim o Airbnb vai constatando, na prática, que as pessoas não são exatamente – todas – como idealmente gostaria que fossem, e que estranhos não necessariamente podem e devem confiar em estranhos.

Some-se a isso a briga crescente de prefeituras em todo o mundo questionando a legalidade do tipo de serviço que o Airbnb presta, e que por sinal não está previsto na quase totalidade das convenções de condomínios. Assim, mais que a pandemia, os fundadores do Airbnb convivem com consistentes dúvidas sobre a sustentabilidade do modelo atual, da ideia original e genial que deu fama e fortuna a todos eles, em poucos anos...

Na matéria da Bloomberg Businessweek, publicada por *Exame*, a informação de que nos últimos anos, em média, o Airbnb vem gastando US$ 50 milhões para pagamentos tanto a anfitriões quanto a hóspedes em decorrência de "acidentes de percurso" nessa relação de relativa ou pouca confiabilidade...

Na matéria, outros casos de assassinatos e crueldades que tornam extremamente complicada a abertura de capital e a continuidade do Airbnb nos termos atuais... Ou, e se preferirem, o modelo que trouxe o Airbnb até aqui não o levará mais a canto algum...

Ou muda, corrige, reinventa-se, ou... Não pode alegar surpresas. As fragilidades do modelo de negócio são inaceitáveis e fora de controle, repito. E os processos na justiça vão se amontoando...

NEGLIGÊNCIA E OMISSÃO

Quase o nome de um filme... Dentre as marcas mais citadas por péssimas razões nos últimos anos figura nas primeiras colocações Takata. Isso mesmo, a Takata com seus airbags assassinos.

Airbags esses que foram colocados em 4.352.428 veículos fabricados no Brasil e mais de 100 milhões em todo o mundo. Praticamente as principais montadoras eram clientes da Takata e de seus airbags assassinos.

Dentre outras, Honda, Toyota, Nissan, Mitsubishi, Mazda, Subaru, BMW, Ford, GM, Fiat Chrysler, Volks.

Airbags assassinos que, em determinadas situações, explodiam como se fossem granadas e em situações excepcionais podendo até mesmo matar as pessoas dentro dos automóveis. No Brasil, o último dado disponível e comprovado falava de 39 casos de explosão, com uma morte e 16 feridos.

Os airbags possuem uma peça de metal chamada deflagrador que contém um elemento químico gerador de gás. Essa pecinha é que faz com que o airbag expanda-se imediatamente diante de qualquer acidente.

Em algumas situações de colisão, o deflagrador defeituoso mais que liberar o gás, literalmente explode, rompe a bolsa e lança centenas de estilhaços de metal em alta velocidade contra os ocupantes do carro.

E aí, cada uma das montadoras a seu jeito, dependendo da qualidade de seus cadastros de clientes e da relação que mantém com eles, foi convocando para a troca, para o recall.

Mas menos da metade dos proprietários de automóveis em risco atendeu à convocação. E de tempos em tempos, alguma montadora, advertida por seus advogados, procura sensibilizar os proprietários para que agendem a substituição e procedam o reparo.

No primeiro semestre de 2021, no desespero, a GM deu início a uma promoção, diante do insucesso de iniciativas anteriores, tentando sensibilizar os proprietários dos 144.272 sedãs Classic e 91.573 Hatches compactos Celta, que até aquele momento não tinham atendido à convocação, para fazê-lo o mais rápido possível.

Ofereceu a todos que atendessem ao recall um vale combustível de R$ 500, e ainda concorriam ao sorteio de três carros zero quilômetro.

O hoje chamado "affair Takata" é, de longe, o maior cochilo jamais cometido por qualquer indústria. Todas as montadoras que compraram os airbags da Takata para seus diferentes modelos agiram, no mínimo, com negligência.

E assim, enquanto um último modelo continuar rodando com os airbags potencialmente assassinos, essas montadoras não dormirão tranquilas.

Como era mais que esperado, a Takata não resistiu ao tamanho da lambança, declarou-se falida e vendeu o que restou aproveitável de suas máquinas em instalações para a Joyson Safety Systems, uma vez que a marca não valia mais nada.

E um documentário está sendo finalizado neste momento – "Ticking Time Bomb – The Truth Behind Takata Airbags" – "Bomba-relógio – a verdade por trás dos airbags da Takata", onde revela-se, assim como aconteceu durante décadas na indústria de cigarros, que os executivos da Takata sabiam dos elevadíssimos riscos que seus airbags representavam. E cometeram, como as cigarreiras, assassinato em massa.

E mesmo assim, seguiram vendendo... Ou seja, o documentário deveria chamar-se "Negligência ou Omissão". Melhor ainda, "Crime Culposo".

No dia 26 de junho de 2017, a Takata ingressou com pedido de falência. Seus airbags até hoje seguem ferindo gravemente, e até mesmo, matando...

ASSIMETRIA REGULATÓRIA

Assimetria regulatória, essa foi a denominação que os três grandes bancos, Itaú, Bradesco e Santander, e por tabela mais o Banco do Brasil e a Caixa, passaram a verbalizar para explicar o terreno que vão perdendo dia após dia para as *fintechs*.

Os três perdem, mas, não necessariamente as *fintechs* ganham. E sobre isso tratarei em um outro artigo: a verdadeira, insólita e preocupante realidade das *fintechs*.

Não estão errados. Como as *fintechs*, boa parte delas cresce e prospera nos territórios vizinhos ao mercado financeiro, conseguem driblar por um tempo as regulações que amarram e inibem ou impedem certas práticas pelas organizações tradicionais.

Mas quando chegar a hora do ataque final, que cada dia está mais próximo, as *fintechs* terão de pular o muro, invadir o território e respeitar ou enquadrarem-se ou serem enquadradas na mesma legislação.

De qualquer maneira, aumentam os encontros e reuniões entre os grandes bancos para compartilharem ideias e estratégias sobre como enfrentar esse inimigo comum, dividido em centenas ou milhares, e denominados genericamente de *fintechs*. Em todo evento que envolva os grandes bancos, em algum momento o tema ocupa a pauta.

Meses atrás, num congresso de tecnologia bancária, boa parte do tempo foi utilizada para que os grandes bancos reclamassem – quem diria – das condições de desigualdade na competição.

Falando em nome dos bancos, muito especialmente dos três maiores, a Febraban chegou a ser pungente em seus choramingos. Logo na abertura do evento assim se manifestou Isaac Sidney, presidente da entidade:

"Foram os bancos, e não as *fintechs*, que deram às famílias e às empresas volume inéditos de crédito"... Quase chorei!

Curioso usar a palavra "dar", para o que é um negócio dos bancos, mais e verdadeiramente conhecido como empréstimos...

E onde ganham muito dinheiro... Não dão nada, emprestam... E cobram... E não é pouco... Nada de errado prestar serviços e receber por isso, mas cobrar e dizer que "deram às famílias...".

Mas o dia era pra pegar pesado e Isaac apontou o dedo para as *fintechs* e as acusou de terem vergonha do que são, de padecerem de grave crise de identidade, "Não somos como alguns que estão crescendo bastante, que já alcançaram o tamanho dos bancos, parecem bancos, agem como bancos, mas preferem se dizer apenas empresas de tecnologia...".

No mesmo evento, a resposta veio à altura, na voz de Diego Perez, da AbFintechs, "Com a *fintechs* quebrando oligopólios, desafiando as estruturas do *status quo*, atraem a atenção dos investidores internacionais, que chegam com cheques enormes. Isso chama a atenção dos incumbentes que agora precisam se afirmar, mostrar que seguem prestando seus serviços"...

É sobre essa guerra que temos comentado com vocês nas edições anteriores deste *Marketing Trends*. "O Oceano Azul dos cinco bancos vai se convertendo num mar vermelho de acusações, sangue em direção a uma batalha final ou paz sobre muitas vítimas e perdas irreparáveis...".

Começou a guerra, agora explicitamente. Terminaram as tais das mesuras e suposta boa educação. Vale chute na canela.

E com a situação da economia, o choramingo e as acusações aumentarão em volume e em intensidade.

DISCRIMINAÇÃO E PRECONCEITOS NUNCA MAIS

Qualquer manifestação, por menor que seja de discriminação, preconceito, racismo e todas as demais manifestações carregadas de ódio, estupidez, burrice e/ou ignorância são inaceitáveis.

Nas empresas esse tipo de comportamento precisa ser denunciado e eliminado no ato. Muitos dirão: Não é fácil... E não é.

Outros dirão: Mas até ontem era permitido... Sim, até ontem. Agora não e nunca mais. Fim.

Já deveria ter terminado séculos atrás. Nem mesmo deveria ter existido ou acontecido. Portanto, fim e que todos nós, definitivamente, aprendamos a respeitar todos os demais seres humanos como queremos e gostaríamos de ser respeitados.

Nenhuma empresa não pode nem ignorar nem conviver com uma situação que fragilize, ofenda e constranja algum de seus colaboradores. Se a empresa não deixar bem claro que não concorda – mais que isso, que renega, condena e pune todos os que discriminam – por, eventualmente, melhores funcionários que sejam, vai perder, merecidamente, na sociedade, no mercado, e, claro também na Justiça.

Todos os dias, em dezenas de julgamentos na Justiça do Trabalho, por exemplo, de cada 10 ações em nove as empresas são condenadas a pagarem indenizações por omissão inaceitável.

Ilustro com algumas situações concretas.

- Diretor administrativo de uma empresa de autopeças, "brincando", fazia saudações nazistas a um funcionário judeu da empresa. Empresa condenada a indenizar o funcionário em R$ 65 mil.
- Mulher negra sofreu injúria racial na cidade de Porto Alegre. O dentista da empresa, no consultório, brincava com a mulher dizendo coisas do tipo, "quem tem perfil para juntar lixo agora encontra-se sentada em minha cadeira...". Mulher negra indenizada simbolicamente em R$ 5 mil.
- Multinacional de tecnologia condenada a pagar uma indenização de R$ 18 mil a profissional transgênero. Recusava-se a adotar o nome social do funcionário no crachá.
- Frigorífico do triângulo mineiro condenado a indenizar uma funcionária transexual que foi abusada por seu gerente

dizendo que ela merecia mesmo era ocupar uma posição no abate pela força de seus músculos...

E todos os dias, em todo o Brasil, decisões semelhantes são tomadas pela Justiça.

Assim, e durante toda a transição para uma nova cultura, repito, a empresa não pode deixar a menor dúvida de que se recusou, de forma afirmativa e escancarada, a conviver com qualquer tipo de discriminação.

Não existe alternativa. É isso ou é isso. E que ninguém venha dizer que estão exagerando. Exagero e crueldade infinita era o que acontecia até ontem, e eventualmente ainda acontece em muitos lugares e momentos.

Mas... Não tem mas... FIM!

Ouço com frequência as pessoas dizerem: Madia, como o mundo está chato. Eu também já disse isso anos atrás.

Chato, vergonhoso, lamentável e inaceitável é continuarmos procedendo preconceituosamente, como fizemos a vida toda.

A SEGUNDA MORTE DE PAULO MACHADO DE CARVALHO

Desde que cheguei de Bauru, eu, Francisco Madia, fui morar em Higienópolis. Comecei na Rua São Vicente de Paula, e depois casado, na rua Martim Francisco, Sabará e hoje Bahia. Durante anos, num determinado momento do dia, testemunhava um avô indo levar e buscar seu neto na escola, num lindo e gigantesco Chevrolet. Era o Dr. Paulo Machado de Carvalho, cuidando de seu neto, Paulo Machado de Carvalho Neto. O Paulito. Cenas de Higienópolis, anos 1950/1960. Dr. Paulo e Paulito.

Depois de uma obra empresarial espetacular na radiodifusão de nosso país, Dr. Paulo deu um jeito no irresponsável e inconsequente futebol brasileiro. Deu uma ordem na bagunça. E as conquistas foram se sucedendo. Mais que merecidamente, teve seu nome escolhido para rebatizar uma das obras antológicas da cidade de São Paulo e do futebol em todo o mundo, o Estádio Municipal do Pacaembu.

No dia 27 de abril de 1940 foi inaugurado o então Pacaembu, com a presença de Getúlio Vargas, presidente da república, do interventor Ademar de Barros e do prefeito Prestes Maia. Mais de 50 mil pessoas e pela primeira vez o registro do que caracterizaria o futebol brasileiro para sempre. A vaia. Getúlio foi vaiado pela maioria dos presentes.

Primeira partida da história do Pacaembu, Palestra Itália e Curitiba. Vitória do Palestra por 6 a 2, e o primeiro gol do Pacaembu assinado por Zequinha, do Curitiba. Dias depois, 4 de maio, o primeiro Palestra x Corinthians. Vitória do Palestra por 2 a 1.

Nesse mesmo Pacaembu, anos depois, vi o melhor jogo de futebol de todos os tempos, Palmeiras e Santos. E olha que assisti a todos os jogos do Pelé no Baquinho, na cidade de Bauru, onde as contagens eram estratosféricas... Esse Santos e Palmeiras aconteceu na noite de 6 de março de 1958, torneio Rio-São Paulo; na arbitragem, João Etzel Filho.

Palmeiras 1 x 0 (Urias). Santos 1 x 1. (Pelé). Santos 2 x 1. (Pagão). Palmeiras 2 x 2 (Nardo). E aí uma espécie de massacre... Santos 3 x 2 (Dorval), Santos 4 x 2 (Pepe), Santos 5 x 2 (Pagão).

Termina o primeiro tempo. 5 a 2 para o Santos. Na quarta anterior, o Palmeiras começou perdendo e virou sobre o Vasco. No domingo aconteceu a mesma coisa e virou sobre o Fluminense. A torcida não perdia as esperanças. Começa o segundo tempo. Palmeiras 3 x 5 (Paulinho), Palmeiras 4 x 5 (Mazzola), Palmeiras 5 x 5 (Mazzola), Palmeiras 6 x 5 (Urias). A torcida do Palmeiras não acreditava no milagre. Que durou pouco. Santos 6 x 6 (Pepe), Santos 7 x 6 (Pepe). E Edson Leite, na Bandeirantes, urrava "Milagre no Pacaembu. O maior espetáculo jamais visto em toda a história do futebol...".

Isso posto, e feito o intervalo no meu comentário para celebrar o dia em que o futebol viveu sua maior epifania, volto a uma mais que merecida homenagem. Pelas contribuições inestimáveis e definitivas dadas ao futebol brasileiro, com todas as razões e merecimentos, o Dr. Paulo Machado de Carvalho passou a ser a denominação oficial do Pacaembu. No ano de 1961, em decreto da Prefeitura Municipal de São Paulo.

Paulo Machado de Carvalho, um pequeno grande homem, na verdade um gigante, formado em Direito pela São Francisco, morreu pela primeira vez no dia 7 de março de 1992, aos 90 anos de idade. No dia 16 de setembro de 2019, o Estádio Dr. Paulo Machado de Carvalho foi privatizado. Venceu a licitação o consórcio Patrimônio, e assim serão os próximos 35 anos.

E meses atrás, outubro de 2020, li nos jornais que uma empresa, "a Allegra Pacaembu", que no mês de janeiro assumiu a gestão do complexo esportivo, contratou a XP Investimentos para a estruturação financeira do negócio e a coordenação e venda do "naming rights". Conclusão, constrangidos, registramos a segunda morte anunciada do Marechal da Vitória.

É isso mesmo? Uma conquista de proporções monumentais que mudou para sempre e para melhor a história do futebol brasileiro, com uma justa e decorrente homenagem, resiste poucas décadas?... Olho agora para a fotografia do velho e querido estádio. Está lá, como dizem os portugueses. No alto, embaixo do relógio e acima das colunas da estrada, está escrito: Estádio Municipal Paulo Machado de Carvalho.

É isso mesmo que estou entendendo? Vão tirar o nome do Dr. Paulo do velho e querido estádio? É possível vender-se duas vezes uma mesma denominação? É possível pedir de volta o que foi concedido por total justiça e merecimento? Você compraria o *naming rights* decorrente de um suposto estelionato?

VIVER É PERIGOSO

Todos sabem disso. Comprar na internet, então... Imagine se as pessoas não tivessem medo e se sentissem seguras comprando no digital. Está mais que na hora das empresas orientarem e cuidarem de seus clientes. Um absurdo consentirem, por omissão, que bandidos deem golpes utilizando suas marcas como se isso não lhes dissesse respeito...

Podemos estar vivos agora e no minuto seguinte sairmos à rua e sermos atropelados, ou uma laje despencar do alto de um prédio e cair em nossa cabeça. É uma possibilidade mínima, uma espécie de azar lotérico, mas pode acontecer. De qualquer maneira, ninguém para a vida porque uma laje pode despencar na sua cabeça.

Seguimos a vida. Assim como nenhum de nós tem a menor dúvida quando compra em uma loja. Muito especialmente se já viu a loja antes, se sempre passa em frente, se já comprou alguma vez sem nenhum problema, e não tem a menor dúvida de que existe. E que se a compra não der certo sabe onde trocar, devolver, reclamar. O mesmo não acontece no ambiente digital.

Se somos pós-graduados nas compras no analógico, no digital somos primários e com todas as razões e motivos, desconfiados. No mínimo, uma única vez, alguém tentou nos dar um golpe pelo digital. No mínimo um de cada 10 de nós já sofreu um golpe ou teve um trabalhão para recuperar, ou assumiu o prejuízo e tocou em frente. Curto e grosso e indo direto ao ponto. 99 em cada 100 pessoas compram pelo digital e, no mínimo, com uma pontinha de dúvida e insegurança.

Por mais experiente e tranquila que seja uma pessoa, comprar no digital ainda implica em alguma tensão ou nervosismo. Até hoje, oito em cada 10 pessoas, com o carrinho virtual já quase cheio numa compra no digital, diante de qualquer dúvida saltam fora e abandonam o carrinho. A quantidade de carrinhos abandonados no digital é gigantesca.

Para cada um que chega até o fim e conclui a compra, quatro ficam pelo caminho. E aí, muitos e mais conselhos sobre como as pessoas devem se comportar no ambiente digital. Claro, sempre é bom precaver-se, mas conselho vai até certo ponto e para. E não existe conselho que resista a uma trombada, a um acidente ou golpe de percurso. Essa é a realidade. Se viver é inseguro, comprar no digital é mais inseguro ainda.

Assim, lemos no *O Globo*, dia desses e sorrindo de início, mas incomodados no meio, uma série de conselhos de como as pessoas que compram no digital devem se comportar. Que cuidados devem ter. Coisas do tipo,

- Atenção à linguagem das pessoas que supostamente compraram e só são elogios; ou,
- Atenção a comentários repetidos, que certamente foram produzidos por uma mesma pessoa em nome de muitas; ou,
- Atenção às imagens dos produtos. Se são reais ou copiadas de bancos de imagem; ou,
- Atenção, sempre ir atrás das pessoas que assinam as avaliações e conferir se são de verdade; ou,
- Atenção, olho no preço, quando o milagre é demais até santo desconfia... e por aí vai. E por aí vai...

É isso, amigos. Esse é o maior desafio das compras no digital. Da mesma maneira que levamos décadas para nos acostumarmos com a figura clássica dos vendedores, em que no início as lojas tinham um aviso em suas portas, Caveat Emptor – o comprador que se precate ou previna, visto que o vendedor não assume nenhuma responsabilidade sobre o que está vendendo.

Mais ou menos é o que acontece agora com algumas vacinas de grandes e renomados laboratórios que adotam o mesmíssimo Caveat Emptor nos contratos que celebram com diferentes países e que se submetem a essa cláusula – não assumem a responsabilidade por nada. Também levaremos algumas décadas para conseguirmos, quem sabe um dia, comprarmos com a mesma segurança e tranquilidade que compramos nas lojas físicas e presencialmente, olho no olho.

De qualquer maneira, continuamos sem entender porque todas as empresas que recorrem ao comércio eletrônico não assumem suas responsabilidades. Os golpistas estão tentando dar um golpe nas pessoas e em nome dessas empresas, usando as marcas dessas empresas.

Pergunta: Por que as empresas até agora não criaram um espaço em seus portais e aplicativos para que as pessoas "reenderecem" para elas todas as mensagens, promoções e ofertas suspeitas que recebem? Para que façam a devida filtragem, para que orientem, para que tenham consciência do que os criminosos estão fazendo com suas marcas e tenham uma noção dos estragos que suas marcas vêm sofrendo...

Um dia isso obrigatoriamente vai acontecer. E não demora muito.

ABRAMARK – ACADEMIA BRASILEIRA DE MARKETING

VIRADA DO MILÊNIO, ano 2000, começa a prosperar a denominação "marqueteiro". Muito especialmente em função dos profissionais de marketing que decidiram prestar serviços para partidos e políticos. E como não existia nenhuma regra nem códigos de ética e comportamento, e nas redes sociais tudo era permitido, esses profissionais, literalmente, mandaram ver. E muito rapidamente foi se disseminando a palavra "marqueteiro" como sinônimo de picareta, de bandido. Naquele momento uma piada passou a ser contada no ambiente corporativo.

Uma mãe com dois filhos. Uma menina linda, educada, querida, de comportamento ético e moral irrepreensível, e um menino malandro pra dizer o mínimo, e adepto da chamada LEI DE GERSON: "gostava de levar vantagem em tudo".

As amigas perguntavam pra mãe o que ela achava do futuro dos filhos. Visivelmente emocionada e feliz, a mãe dizia, a MENINA vai ser *designer*, *fashion stylist*, quem sabe arquiteta ou decoradora, talvez médica. Já o menino é um malandro, picareta, cola em todas as provas, engana os professores, rouba no futebol na escola... Esse vai ser "marqueteiro"...

Eu, Francisco Madia, acabo de completar 54 anos trabalhando com MARKETING, produzindo conteúdo e escrevendo livros com o corpo de consultores do MADIAMUNDOMARKETING.

Em 1968 era o diretor de marketing de uma instituição financeira, em 1971 montei a primeira área de marketing de um banco no Brasil, a do Itaú. Trabalhei em importantes empresas e, em 1980, nasce a MADIA E ASSOCIADOS, hoje MADIAMUNDOMARKETING, consultoria líder em nosso país, e *benchmark* para outras empresas de consultoria em todo o mundo. A degradação do marketing me incomodava profundamente. Assim, decidi arregaçar as mangas e correr atrás.

Depois de muita pesquisa, concluí que o Brasil e o mundo viviam um processo de transformação radical. O maior desde o Renascimento, 500 anos depois, e muito mais radical, em decorrência do tsunami tecnológico.

Há 500 anos, uma ferramenta de comunicação, a PRENSA, criação de GUTENBERG, mudou para sempre e para melhor a história da humanidade. De certa forma, agora, outra espécie de PRENSA, de ferramenta de comunicação, a INTERNET, praticamente encerra o primeiro tempo da história da humanidade e dá início ao segundo tempo.

Há 500 anos, no Renascimento, os inovadores, os pensadores da época concluíram que o pior lugar para se tentar intuir e dar início à construção do futuro era nas universidades, sindicatos, religiões, confrarias, associações. Todas essas manifestações, sem exceção, tinham partido, tinham interesse a defender. E assim, referenciando-se na criação de PLATÃO, decidiram ressuscitar as ACADEMIAS.

Nelas, todos os interesses e partidos, assim como os *smartphones* da atualidade, são deixados na recepção e desligados. Os participantes se desarmam e preocupam-se exclusivamente com toda a cadeia de valor, com o tema por inteiro, deixando de fora qualquer manifestação ou interesse específico.

Assim, concluí que voltaríamos a ter no mundo uma nova safra de ACADEMIAS. Local em que o único interesse que prevalece é o de como melhorar e aprimorar cada cadeia de valor, cada linha de pensamento.

Naquele momento, em 2004, decidi criar a ABRAMARK, Academia Brasileira de Marketing, que hoje, felizmente, é uma realidade.

Nela se reúnem todos os profissionais das diferentes ferramentas e metodologias do MARKETING e do BRANDING, aportando e compartilhando, de forma generosa, conhecimentos e experiências relevantes com o objetivo de fortalecer e aprimorar toda a cadeia de negócios.

É essa a história da ACADEMIA BRASILEIRA DE MARKETING. Hoje com 42 Acadêmicos, 183 integrantes do HALL DA FAMA, 19 anos, e servindo como referência para diferentes setores de atividades e negócios.

Conclusão, neste momento nós, da MADIA, consultores que somos, pela experiência de extraordinário sucesso e relevância da ABRAMARK, estamos sendo demandados por outras cadeias de valor para a prestação de serviços de criação de ACADEMIAS visando acelerar e aperfeiçoar as práticas em cada um desses negócios. Felizmente, o diagnóstico estava certo.

Assim como aconteceu no Renascimento, hoje, as ACADEMIAS – que se preocupam exclusivamente com o todo e não com o interesse específico de cada um dos integrantes de uma cadeia de valor – voltaram à moda com força total. E é o que vem fazendo e vai fazer cada vez mais a ABRAMARK.

Se você é apaixonado por MARKETING como nós, e acredita que ele é o sentido da vida de empresas, produtos e pessoas, aceite nosso convite e passe a frequentar todos os dias o portal da ABRAMARK. Todos os dias, há mais, novos e muitos conteúdos de excepcional qualidade. Sempre!

Francisco Madia